Kati Ahl

Frauen und Digitalität – jetzt!

Wie die Bildungstransformation von weiblichen Perspektiven profitiert

Klett | Kallmeyer

Bibliografische Information der Deutschen Nationalbibliothek
Die Deutsche Nationalbibliothek verzeichnet diese Publikation in der Deutschen Nationalbibliografie; detaillierte bibliografische Daten sind im Internet über http://dnb.d-nb.de abrufbar.

Impressum

Kati Ahl
Frauen und Digitalität – jetzt!
Wie die Bildungstransformation von weiblichen Perspektiven profitiert
In der Reihe *Bildung kontrovers*

1. Auflage 2022

www.friedrich-verlag.de

Redaktion: Inge Michels, Bonn
Realisation: Dennis Baumann
Druck: Beltz Grafische Betriebe GmbH, Bad Langensalza
Printed in Germany

ISBN: 978-3-7727-1644-7

Kati Ahl

Frauen und Digitalität – jetzt!

bildung kontrovers

Wie die Bildungstransformation von weiblichen Perspektiven profitiert

Klett | Kallmeyer

Vorwort von Silke Müller

Digitalisierung – ein Begriff, der unsere Generation so beschäftigt, wie kaum ein anderer. Wo stehen wir tatsächlich im globalen Wettbewerb? Welche Kompetenzen braucht es, um die Herausforderungen einer zunehmend digitalen Zukunft zu bewältigen? Wie verändert sich eine Kultur des Zusammenlebens in einer Gesellschaft, die digital geprägt und beeinflusst ist?

Insbesondere Schulen kommt im Bereich der Beantwortung dieser Fragen eine Schlüsselrolle zu. Die wichtigste Aufgabe eines schulischen Bildungs- und Erziehungsauftrages ist es meines Erachtens, Kinder und Jugendliche zu verantwortungsvollen, selbstbewussten und fröhlichen Persönlichkeiten zu erziehen, die den Herausforderungen der Zukunft mutig und vor allem kompetent begegnen, um sie letztlich ebenso verantwortlich zu gestalten.

Aber tun wir das wirklich? Bereiten wir Kinder und Jugendliche tatsächlich auf die Herausforderungen einer digitalen Zukunft vor, die ja bereits begonnen hat? Stellen wir eine Kultur der Digitalität wirklich in den Fokus unserer schulischen, aber auch gesellschaftlichen Entwicklungsarbeit?

Möglicherweise verschließen wir gerade im Bildungskontext noch viel zu sehr die Augen davor, dass Digitalisierung nicht mit Technisierung gleichzusetzen ist. Die sich stellenden ethischen Fragen in Bezug auf ein Miteinander in der Zukunft gehen weit darüber hinaus. Wie klug darf Künstliche Intelligenz wirklich werden? Wie steht es z. B. in sozialen Netzwerken um den Artikel 1 unserer Verfassung? Und wer ist eigentlich verantwortlich für diese technischen und ethischen Antworten bei all den großen Fragen, die die Digitalisierung betreffen?

Kati Ahl entlässt in ihrem fantastischen Buch niemanden aus der Verantwortung. Sie zeigt motivierend, dass es gerade wir Frauen sind, die sich einerseits in einer in Bezug auf Digitalisierung männlich geprägten Welt nicht mehr abhängen lassen dürfen, uns aber andererseits eben auch nicht mehr mit einer charmanten Gemütlichkeit der Vergangenheit, in der sich ja „die Jungs“ gekümmert haben und Frauen eher als Exotinnen auf diesem Gebiet galten, ausruhen dürfen. „Frauen und Digitalität – jetzt!“ ist für mich der Aufruf und gleichsam die Motivation für alle im Bildungsbereich Tätigen, das Thema gleichberechtigt, auf Augenhöhe, neugierig und vorurteilsfrei für sich zu erschließen.

Ich selbst habe es zuhause geschafft, meinem Mann eine Impulsgeberin in den täglichen Fragen des digitalen Alltags zu sein – und vielleicht sogar auch sein Rettungsanker bei digital-technischen Herausforderungen (hier käme in sozialen Netzwerken ein zwinkernder Smiley). Deshalb kann er sich in eine Art von Komfort-Zone zurückziehen, „weil sich ja schließlich gekümmert wird" (noch ein Zwinkersmiley). Aber im Grunde genommen bedeuten die Herausforderungen der Zukunft dringend und norddeutsch direkt: „Runter vom Sofa und ran an die Arbeit!"

In der Waldschule Hatten, die ich seit Jahren in ihrer digitalen Schulentwicklung als Schulleiterin mit einer bewussten Leadership-Haltung begleiten darf, ist es gelungen, dass Digitalität weiblich, männlich, divers und irgendwie auch geschlechtslos ist. Unser Digitalteam besteht aus Frauen und Männern; die besten Impulse kommen zudem oft von den Kindern. Wir profitieren also in Kompetenzerwerb, Haltung und Vision gemeinsam von verschiedenen Perspektiven.

Kati Ahl fragt in diesem Buch richtigerweise und bewusst danach, wie die Bildungstransformation von weiblichen Perspektiven profitiert. Ihre Antworten sind gleichsam charmant, logisch, klar, wie auch bedeutsam. Sie sind ein Weckruf für uns Frauen, uns diesen noch immer männerdominierten Bereich der gesellschaftlichen Entwicklung selbst zu erobern, mitzugestalten und vor allem Verantwortung für die Zukunft zu übernehmen. Mädels, das sind wir uns selbst schuldig und wert! Und egal, ob männlich, weiblich oder divers – wir alle tragen eine große Verantwortung unseren Kindern gegenüber. Beim Klimawandel und einer zunehmenden Politikverdrossenheit haben wir alle gemeinsam bisher möglicherweise nicht genug handelnde Verantwortung für unsere und die Zukunft unserer Kinder übernommen. Wir sollten es bei allen Digitalisierungsprozessen besser machen. Gemeinsam. Jetzt.

Danke, Kati Ahl, für deine so richtungsweisenden und aufrüttelnden Impulse in diesem Buch!

Silke Müller
Oberschuldirektorin Waldschule Hatten (Niedersachsen)

Einführung

Als Tochter eines Elektrotechnikers habe ich früh gelernt, mit technischen Bauelementen umzugehen, sie waren überall in der Wohnung. Widerstände, also die kleinen Dinger mit den Drahtbeinen, nach ihrem ohmschen Widerstand zu sortieren, war eine Zeitlang meine Lieblingsbeschäftigung an den Wochenenden. Für seine Arbeit brauchte mein Vater einen ganzen Koffer voller unterschiedlich starker Widerstände, und sie mussten dafür in kleine Kästchen sortiert werden. Sie haben farbige Ringe auf dem Rücken und dieser Farbcode verrät, welcher elektrische Widerstand erzeugt wird und welche Ohm-Zahl sich dahinter verbirgt.

Schon in der Grundschule konnte ich am Wochenende trübe Tage damit verbringen, den gesamten Werkzeugkasten voller Schachteln mit durcheinander gefallenen Widerständen richtig zu sortieren. Später habe ich in den Ferien Geld dazu verdient, indem ich in seiner Firma nach Anleitung Platinen bestückt und Teile gelötet habe. Dass das für ein Mädchen in den 70er Jahren ein ungewöhnlicher Zeitvertreib war, war mir nicht bewusst. Mein Vater hat mir diese Tätigkeiten aufgetragen und zugetraut, also waren sie in meiner Kindheit für mich normal. Bis heute habe ich eher geringe Berührungsängste mit Technik. Man könnte also sagen, mein Vater war Feminist, was Technik anging. Und das prägt!

Für Schülerinnen und Schüler ist es ebenso prägend, welche Einstellung Lehrkräfte zu Technik und Einsatz digitaler Medien haben. 73,1% der Lehrkräfte sind weiblich, am höchsten ist der Anteil der Lehrerinnen an den Grundschulen. Ihr Zugang zu Technik ist also prägend und vorbildhaft für die nächsten Generationen. Sie sollten die wichtigste Zielgruppe in der Entwicklung neuer Ideen für eine Kultur der Digitalität sein!

Für mich stellen sich hier spannende Fragen: Gibt es eine weibliche Digitalisierung? Wie werden Lehrerinnen zu aktiven Gestalterinnen digitaler Situationen in der Bildung? Was wollen Lehrerinnen in Bezug auf Technik, Anwendung und den entsprechenden gesellschaftlichen Bezügen?

Noch heute unterscheiden sich die Zugriffsweisen von Männern und Frauen, Jungen und Mädchen bei technischen Themen. Das lässt sich schon in der Grundschule beobachten und setzt sich in der Wahl des Studiums oder der Ausbildung fort. Der Frauenanteil im Informatikstudium liegt derzeit etwa bei einem Viertel. Dabei stammt die Grundidee der Informatik von einer Frau. Schon im frühen 19. Jahrhundert entwickelte Ada Lovelace das erste Computerprogramm für die Rechenmaschine von Charles Babbage. Sie erkannte als erste das Potential einer systematischen Datenverarbeitung – und das zu einer Zeit, in der ihr der Zugang zu Bibliotheken verwehrt war und Frauen die Fähigkeit zum mathematischen Denken abgesprochen wurde. Erst in den siebziger Jahren wurde Ada Lovelaces Beitrag erkannt und die Programmiersprache ADA nach ihr benannt.

Was hält Frauen, was hält Lehrerinnen heute davon ab, sich digital stärker zu professionalisieren? Warum ist nahezu jeder IT- Beauftragte einer der seltenen Männer an einer Schule? Wie sollen sich Rollenbilder für die Zukunft verändern, wenn die Hälfte der Gesellschaft, die weiblichen Lehrkräfte, wenig an dem kulturellen Wandel in Richtung Digitalität beteiligt ist? Schon vor dem Grundschulalter festigen sich Rollenbilder, und Jungen und Mädchen unterscheiden deutlich, welche Berufe eher männlich und welche eher weiblich sind. Der Polizist, die Erzieherin, der Professor und die Sekretärin. Die Verteilung und Zuschreibung reproduzieren sich über Generationen.

Ein Zugang zur Digitalisierung, der Zugriffsweisen von Frauen berücksichtigt, könnte das Dilemma lösen: Mehr Frauen gestalten aktiv, sind häufiger Vorbild und sprechen dadurch wieder mehr Frauen und Mädchen an. Die Hälfte der Bevölkerung ist aktuell zu wenig vertreten! Finden wir heraus, wie wir gemeinsam den digitalen Wandel in Schulen gestalten, zum Wohle aller und für eine zukunftsfähige Schule, die sich der gesellschaftlich-digitalen Realität nicht länger verschließt.

„Schule verändern – jetzt!“ war mein vorheriges Buch. Es befasste sich mit dem Reformstau und den aktuellen Bedingungen an deutschen Schulen. Das vorliegende Buch geht den nächsten logischen Schritt, es fragt: Wie gestalten wir Bildung für die Zukunft in einer Welt der Digitalität, die möglichst allen gerechte Bildungschancen ermöglicht? In der die Chancen auf bessere Verfügbarkeit, auf individuelle Zugänge und Empowerment durch Vernetzung und Referentialität allen Gruppen der Gesellschaft offensteht und das Potential zunehmend für gemeinsame Entwicklung genutzt wird? „Frauen sind die besseren Digitalisierer“, das schreibt Daniel Dettling in der Tageszeitung Neue Zürcher Zeitung (NZZ) und sagt als eine Folge von Corona einen female shift voraus.

Hier stecken ungeahnte Chancen und noch ungenutzte Potentiale. Gehen Sie mit mir auf die Reise, sie zu entdecken! In Interviews mit Expertinnen, Lehrkräften, Menschen aus Wirtschaft, Schule und Familie suche ich nach neuen Wegen, die wir für Frauen und Mädchen in der Schule nutzen, ausweiten und so für gerechtere Bildungschancen für die gemeinsame Zukunft von Mädchen und Jungen beschreiten können.

Elektrische Widerstände lassen sich mit einer kleinen Farbtabelle aus Pappe sehr schnell entcodieren, aber das habe ich erst viel später herausgefunden. Es steckte wohl eine pädagogische Absicht der Ermutigung dahinter, mir diese Aufgabe aufzutragen und mir auch das Programmieren näher zu bringen. Ich bin dankbar für die Ermutigung und diese genderneutralere Erziehung meines Vaters, die mir technische Neugier, grundsätzliche Offenheit und Vertrauen in meine Kompetenzen und Lernfähigkeit geschenkt hat.

Meine Grundhaltung ist also in etwa: Das ist was mit Technik / was mit Computer, das bekomme ich vermutlich auch hin. Es könnte sogar Spaß machen. Mit diesem Buch gebe ich etwas von meiner Haltung weiter.

1 Die drei WHYs: Warum Frauen? Warum Digitalität? Und warum jetzt?

„Sind Frauen die Verhinderer der Digitalisierung? Warum dieser Gender-Fokus?“ Das werde ich manchmal gefragt, und häufig äußern männliche Kollegen, dass sie zu diesem Thema nichts beitragen könnten oder das Problem für ihre Organisation so nicht existiere. Tatsächlich sehe ich Lehrerinnen nicht als Bremsklötze und kenne viele engagierte Vorbilder. Ich vermute aber ein ungenutztes Potential durch nach wie vor wirkende Rollenklischees. Viele der am Ende des Buches genannten Maßnahmen können gleichermaßen auf technik-skeptische Kollegen und digitale Anfänger übertragen werden. Denn:

Es gibt insgesamt eine breite Technikskepsis und Rückstand in der Digitalisierung in Deutschland. So fällt Deutschland laut Digital Riser Report[1] 2021 im internationalen Vergleich auf Rang 18 von 63 untersuchten Staaten zurück. Das bezieht der Digitalreport 2021 insbesondere auf folgende Bereiche: „Die Ergebnisse der Umfrage zeigen ein kritisches Bild vom Digitalisierungsstand in Deutschland: Insbesondere für die öffentliche Verwaltung und das Bildungswesen wird großer Nachholbedarf diagnostiziert“[2].

Neben einer allgemeinen Skepsis in vielen Wirtschafts- und Verwaltungszweigen wird also konkret der Bildungsbereich benannt. Dort überwiegen weibliche Lehrkräfte. Sollte also die Frage nach Genderaspekten nicht schon lange fokussiert werden? Warum wird die Gender-Frage für den MINT-Bereich gestellt, aber nicht für das Vorantreiben der Digitalisierung? Hier werden die unterschiedlichen Zugänge von Männern und Frauen immer noch weitgehend ignoriert. Liegt es daran, dass ge-

1 Digital Riser Report unter https://digital-competitiveness.eu/#studies (recherchiert am 16.7.2022)

2 Digitalreport 2021 unter https://www.de.digital/DIGITAL/Redaktion/DE/Stadt.Land.Digital/Studien-und-Leitfaeden/digitalreport-2021.html (recherchiert am 16.7.2022)

schlechtsspezifische Fragestellungen oft zu Kontroversen führen? Oder fehlt die Perspektive dafür, dass die unterschiedlichen Hintergründe von Männern und Frauen unterschiedliche Zugriffsweisen evozieren?

Leider fehlen genderfokussierte Perspektiven häufig in der öffentlichen Wahrnehmung, obwohl z. B. in der Gendermedizin inzwischen erforscht wird, wie unterschiedlich Männer und Frauen auf Behandlungen reagieren. Lange wurden beispielsweise Herzinfarkte bei Frauen nicht erkannt, weil sie andere Symptome als Männer zeigen und viele Diagnosen und Medikamente auf Männer normiert sind. In der Folge starben überdurchschnittlich viele Frauen an unerkannten Herzinfarkten. Oder das bekannte Beispiel mit den Crashtest-Dummys: Für Sicherheitsprüfungen bei Autos wurden sie nach den Daten und Maßen eines Durchschnittsmanns normiert, so dass Frauen bei Verkehrsunfällen immer noch deutlich häufiger lebensbedrohlich verletzt werden.

Lange war es wichtig, auf gleiche Rechte von Frauen und Männern zu pochen, nun scheint es wichtig, die Unterschiede genauer anzuschauen. Denn gleichwürdig sein heißt nicht, in allem gleich zu sein.

1.1 Digitalität versus Digitalisierung

Die Begriffe Digitalisierung und Digitalität werden im Bildungsbereich häufig synonym verwendet. In diesem Buch verwende ich ebenfalls beide Begriffe, allerdings nicht wortgleich. Digitalisierung meint hier die Ausstattung, der technische und Hardware-Aspekt der digitalen Entwicklung bezogen auf Schule. Kultur der Digitalität meint dagegen eine transformative Bewegung, eine gesellschaftliche Entwicklung, die längst begonnen hat (vgl. Stalder, Kultur der Digitalität, 2016).

Ähnlich wie in anderen großen Bewegungen hat die Entdeckung eines neuen Werkzeuges, einer neuen Technik weitreichende gesellschaftliche Veränderungen zur Folge. Die Entdeckung der Schrift veränderte Sprache, brachte Verträge, Bilanzen, Schriftsprache, Poesie und Überlieferung von Texten (und dadurch die Überlieferung von Kontexten anderer Zeiten und Lebenswelten) durch Bibliotheken hervor. Die Erfindung des Rades brachte mehr Mobilität, bessere Nutzung von Kraft durch neue Werkzeuge wie Seilwinden, Zahnräder und dadurch viele technische Neuerungen und Erleichterungen ins Leben der Menschheit. Der Buchdruck ermöglichte durch seinen Zugang zu Schrift Bildung für viele Menschen und damit stärkere Beteiligung der verschiedenen gesellschaftlichen Schichten (vgl. Stalder, Der Autor am Ende der Gutenberg Galaxis, 2014). Die Digitalisierung wird ebenso eine neue Kultur hervorbringen, deren Beginn wir bereits erleben, deren Ende wir allerdings nicht absehen können. Der Schweizer Informatik-Didaktiker Beat Döbeli Honegger hat das folgendermaßen veranschaulicht[3]:

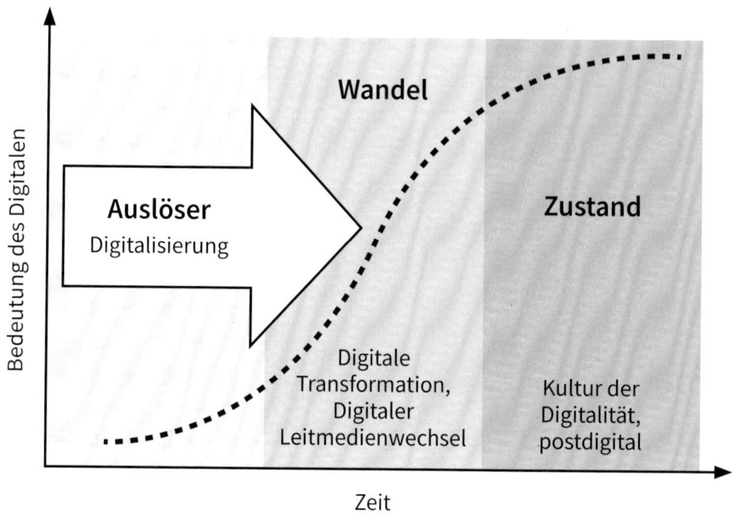

Abb. 1: Digitalisierung bringt eine neue Kultur hervor (Grafik: Beat Döbeli Honegger)

Nach Stalders Grundlagenwerk „Kultur der Digitalität“ sind dafür die drei Begriffe prägend: Gemeinschaftlichkeit, Referentialität und Algorithmizität. (vgl. Stalder, 2016, S.203 f) Wir erleben also neue virtuelle Communities, spezielle Filterblasen, die online entstehen können ebenso wie neue Graswurzelbewegungen (Fridays for future, #metoo, die Videos von Rezo und die Auswirkungen auf die CDU). Wir ahnen bereits, wie big data unser Leben verändert, wie manipulierbar wir sind und

3 Beat Döbeli Honegger unter http://blog.doebe.li/Blog/DigitalisierungDigitalitaetUndCo (recherchiert am 16.7.2022)

gleichzeitig, wie eine neue Dynamik in Kooperationen und ko-kreativen Prozessen durch asynchrones Arbeiten entstehen kann. Das lässt sich schon an einfachsten virtuellen Prozessen wie Gruppenchats beobachten. Gleichzeitig entstehen Phänomene wie digitale Einsamkeit, geringere Verlässlichkeit und Durchlässigkeit von Kommunikation, ebenso Vereinzelung wie durch gig-work-Zusammenhänge, also eine geringere Verpflichtung zu sozialen Normen und beruflichen Regelungen in Beschäftigungsverhältnissen. An diesen wenigen Beispielen wird deutlich, dass die neue Kultur auch neue Verabredungen und Normen benötigt, eine neue Ethik.

Während viele Schulen also noch über Whiteboards, Beamer, Tablets als Referenz an die Digitalisierung sprechen, sind andere schon bei der Suche und dem Erproben einer veränderten Lernkultur im Sinne einer Kultur der Digitalität angekommen. Die Ausstattung, die Digitalisierung selbst kann dabei wie ein Brennglas wirken: Man kann mit digitalen Mitteln Kontrolle verschärfen, Daten generieren, Noten minutiös bis zur Nachkommastelle berechnen, aber auch einen ko-kreativen Zugang, neue Arbeitsformen und Beteiligungen an wichtigen Entwicklungen wie Nachhaltigkeit, demokratischen Bewegungen, fairere Zugänge zu Bildung ermöglichen. Digitalisierung in der Bildung wird in diesem Buch daher weder als grundsätzlich gut noch als grundsätzlich schlecht abgehandelt, sondern als gesellschaftliche Realität betrachtet. Dieses Verständnis impliziert die Verantwortung und Vorreiter-Rolle aller Akteure im Bildungsbereich für die Gestaltung der Digitalität. Es impliziert auch das Thematisieren von Risiken wie Suchttendenzen, überhöhte Bildschirmzeiten, mangelnde Natur-Erfahrung und Verrohung von Sprache in sozialen Netzwerken.

In der Alltagswelt unterscheiden wir nicht streng zwischen analoger und digitaler Wirklichkeit, wir nutzen Smartphones als Uhr, Wecker, Nachrichtendienst, Mini-Computer, Telefon, Blutdruckmessgerät, Navi und vieles mehr. Nur in der Bildung werden beide Welten weitgehend getrennt betrachtet. Schulen stellen sich mit dem Kauf der Ausstattung parallel die Frage: Was setzen wir zukünftig digital um, welche Vorteile hat das gegenüber der analogen Verarbeitung? Diese Trennung hat etwas Künstliches, was in der Alltagswelt bereits ganz selbstverständlich hybrid gelöst wird. Manche Schulen machen bereits vor, wie beides Hand in Hand geht (s. Kapitel 4).

1.2 Frauen und Digitalität

Als Ausbilderin für das Fach Sachunterricht habe ich im Einführungsseminar einmal gefragt, welche fachlichen Perspektiven die Lehramtsreferendarinnen kennen und welche sie für eine zu planende Unterrichtseinheit bevorzugen würden. Symbolhaft dargestellt durch kleine Gegenstände auf dem Tisch ließ ich sie wählen, welche Themen sie gerne unterrichten wollen: einen Magneten und eine Schale mit Wasser (für die naturwissenschaftliche Perspektive), den Luftballon und die Postkarte aus fernen Ländern (für die soziale und kulturwissenschaftliche Perspektive), den Schraubendreher und den Legokran (für die technische Perspektive), die Landkarte und den Kompass (für die raumbezogene Perspektive), die Schreibfeder und eine Versteinerung (für die historische Perspektive) (Vgl. Perspektivrahmen GDSU, 2002[4]).

Natürlich werden diese Perspektiven im Sachunterricht der Grundschule nicht getrennt unterrichtet, sondern greifen ineinander. Zu beobachten war jedoch, dass sich die in der Regel weiblichen Lehrkräfte im Vorbereitungsdienst bei technischen Themen unsicherer fühlten und nicht gerne zu den entsprechenden Gegenständen griffen, während sie die Symbole für die historische oder sozial-kulturelle Perspektive eher bevorzugten. Diese Beobachtung wiederholte sich mehrfach und gab mir Anlass zu der Vermutung, dass die mit Unsicherheit behafteten technischen und IT-Aspekte auch weniger Eingang in den Sachunterricht finden würden. Astrid Kaiser, emeritierte Professorin der Didaktik des Sachunterrichts an der Universität Oldenburg, untersuchte solche Genderaspekte in der Sachunterrichtsdidaktik und kam unter anderem zu der Empfehlung, Geschlechtsstereotypen bei Lehrern und Lehrerinnen abzubauen, „um das Interesse der Mädchen an naturwissenschaftlich-technischer Bildung und Berufsorientierung zu fördern“[5].

Jüngere Studien wie die Digital Gender Gap Studie (2020) zeigen, dass sich die Zugänge und Zugriffsweisen in Bezug auf Digitalisierung von Mädchen und Frauen zu denen von Jungen und männlichen Lehrkräften un-

4 Perspektivrahmen Sachunterricht. In: https://gdsu.de/sites/default/files/gdsu-info/files/pr_gdsu_2002.pdf (recherchiert am 16.7.2022)

5 Genderforschung in der Sachunterrichtsdidaktik. In: https://www.researchgate.net/publication/302035357_Genderforschung_in_der_Sachunterrichtsdidaktik, S. 260 (recherchiert am 16.7.2022)

terscheiden. Dabei fühlen sich Frauen deutlich weniger digital kompetent, sind schlechter ausgestattet und weniger offen für digitale Neuerungen; Männer sind in der Tendenz offener und an Neuerungen und spielerischen Zugängen eher interessiert, schneiden in ihren digitalen Kompetenzen besser ab und neigen zudem dazu, diese eher zu überschätzen.

Das deckt sich mit meiner Beobachtung als Schulentwicklungsberaterin zu Fragen der Entwicklung des Medienbildungskonzeptes: Die meisten Lehrkräfte sind weiblich, aber die IT-Beauftragten, Systemadministratoren der Schulen, die Ansprechpartner und Befürworter sind häufig die zahlenmäßig weniger vertretenen männlichen Kollegen. Nun ließe sich argumentieren, dass doch jede Lehrkraft den eigenen Neigungen folgen kann und dadurch kein Schaden entstünde ... Allerdings würden dann sämtliche Schülerinnen und Schüler von eher Technik-kritischen oder sich als wenig digital kompetent erlebenden Lehrkräften automatisch auch geringere Chancen auf Zugang und den Erwerb der notwendigen Kompetenzen haben. An dieser Stelle sei auch betont, dass 73% der Lehrkräfte bundesweit weiblich sind, in der Grundschule liegt der Prozentsatz höher, bei fast 90%.

Könnte es also sein, dass die Gender-Dimension der Digitalisierung übersehen wird? Und weitergedacht: Ist womöglich der weibliche Teil der Gesellschaft (Frauen und Mädchen) bisher von der Digitalisierung tendenziell eher ausgeschlossen? Wie können wir verhindern, dass Schule als ewig-gestriger Ort seine Verantwortung zur Vorbereitung auf die Zukunft versäumt? Und liegt womöglich eine verkannte Ressource, eine Chance auf eine Kultur der Digitalität in ebendiesen weiblichen Zugriffsweisen und Kompetenzen? So formulieren die Autoren des aktuellen „Routenplaner #digtiale Bildung“ (2019) bedauernd: „Hinzu kommt, dass das Internet bunt und vielfältig ist. Unsere, z. B. rein männliche, Zusammensetzung ist es nicht. Wir sind uns bewusst, dass viele Blickwinkel [...] fehlen.“[6]

Auch die GEW fordert mehr Genderthemen in der Digitalisierung, indem „die Kultusministerkonferenz (KMK) ihre Strategie ‚Bildung in der digitalen Welt‘ [...] nach Gendergesichtspunkten überarbeite“[7], um mehr Mädchen für IT-Berufe zu motivieren.

---

6 Krommer, Axel u. a. (2019): Routenplaner #digitale Bildung, ZLL21, Hamburg. (S.1)

7 GEW fordert mehr Genderthemen in der digitalen Bildung (6.3.2020). In: https://www.gew.de/aktuelles/detailseite/gew-fordert-staerkere-beruecksichtigung-von-genderaspekten-in-der-digitalen-bildung (recherchiert am 16.7.2022)

Fazit: Wenn Kollegien für die Digitalisierung gewonnen, ihre Widerstände ernst genommen und mehr Offenheit, Experimentierfreude und Fehlertoleranz erzeugt werden soll, muss die Gender-Dimension beachtet werden. Männer und Frauen, weibliche und männliche Lehrkräfte, Mädchen und Jungen greifen unterschiedlich auf digitale Anwendungen zu. Schulen kommt damit in ihrer Funktion als Vorbereitung auf die berufliche Zukunft und als Ort der Entfaltung der Persönlichkeit eine besondere Rolle, eine Vorreiter-Rolle zu. Die digitale Erlebniswelt von Kindern und Jugendlichen muss daher Eingang in alle Schulen finden und weibliche Lehrkräfte werden dafür dringend gebraucht.

1.3 Warum jetzt?

Aktuell hat die Digitalisierung Hochkonjunktur im Bildungsbereich, es soll laut Koalitionsvertrag 2021 einen Digitalpakt 2.0 geben, viele Lehrkräfte haben seit den Schulschließungen deutlich mehr digitale Kompetenzen entwickelt, eine hohe Lernkurve während der letzten zwei Jahre gezeigt, und es sind zahlreiche neue maßgeschneiderte Angebote online entstanden. Jetzt ist also ein vielversprechender Moment für einen Aufbruch. Die Gesetzesänderung zwischen Bund und Ländern für den Pakt für Digitalisierung und die aktuelle Ergänzung zum Strategiepapier der KMK von 2017 setzen Zeichen. Wenn also der politische Rahmen, der gesellschaftliche (und der Eltern-) Wille eine Digitalisierung an Schulen befürwortet und in den Kollegien mehr Offenheit entstanden ist, ist der Moment so günstig wie nie! Diesen Rückenwind können wir für einen Vorwärtstrend nutzen, um die Bemühungen um mehr Aktualität in Sachen Digitalisierung an Schulen mit pädagogischen Entwicklungen zusammen zu denken und eine zeitgemäße und zukunftsfähige Pädagogik zu entwickeln.

1.4 Zum theoretischen Hintergrund der Digitalisierung an Schulen

Wie kommen pädagogische Ziele und digitale Ziele zusammen? Welche Modelle sind hilfreich, welche Grundlagen gelten im Sinne der Digitalität? Bei diesen Überlegungen orientiere ich mich am Dagstuhl-Modell und seinen Weiterentwicklungen. Ich kombiniere die Grundlagen gleichzeitig mit der Frage, wie weibliche Lehrkräfte zu aktiven Gestalterinnen werden.

1.4.1 Charta der Digitalen Bildung

Überzeugend einfach fand ich die Charta der Digitalen Bildung[8], die auf einer DIN-A4-Seite erklärt, welche Grundlagen die Unterzeichnenden für Bildung in der digitalen Welt postulieren. Das Ziel der Charta formulieren sie so: „Diese Charta mit ihren drei Grundsätzen ist Ausdruck des gemeinsamen Verständnisses der Unterzeichnerinnen und Unterzeichner von Bildung in einer durch Digitalisierung geprägten Welt („digitale Bildung"), die zum Ziel hat, Urteilsfähigkeit, Kreativität, Selbstbestimmtheit, Gestaltungsfähigkeit, Verantwortungsbewusstsein und Chancen der Teilhabe am Gesellschafts- und Arbeitsleben der Schülerinnen und Schüler zu stärken". Die Grundsätze sind für Lernende formuliert: Dazu zählen die Autorinnen und Autoren digitale Kompetenzen als Voraussetzung für gesellschaftliche Teilhabe und schließlich digitale Mündigkeit, die eine stetige Reflexion der Perspektiven auf Digitalisierung bedingt. Die drei Perspektiven sind in Abb. 2 erläutert.

Digitale Kompetenzen als Voraussetzung für Mündigkeit sind dabei gleichzeitig die Prämissen für Teilhabe von Lehrkräften, denn nur wer kompetent ist, kann aktiv gestalten, kann reflektieren, wählen und vermitteln. Der Lernweg für alle Beteiligten ist der gleiche. Teilweise sind Schüler und Schülerinnen bereits digital kompetenter als ihre Lehrkräfte, was neue Verunsicherungen und eine veränderte Lehrerrolle bedeuten kann. Häufig beschränken sich die digitalen Kompetenzen der Jugendlichen allerdings auch auf ausgesuchte Apps und Games. Dies bedeutet nicht gleichermaßen, dass Informationen gefiltert, Fake News oder Videos hinterfragt werden oder kollaboratives Arbeiten gelingt.

Wer sich nun selbstkritisch fragt, welche digitalen Kompetenzen er oder sie besitzt, findet entsprechende Aussagen und einen ersten Selbsttest unter dem Digital Competence Framework 2.0[9]. Selbsttests findet man aber auch speziell für Bundesländer, etwa für Hessen oder Nord-

8 Charta Digitale Bildung. In: https://charta-digitale-bildung.de/ (recherchiert am 16.7.2022)

9 Digital Competence Framework 2.0. In: https://ec.europa.eu/jrc/en/digcomp/digital-competence-framework (recherchiert am 16.3.2022)

rhein-Westfalen. Und schließlich können Schulen ihre Konzepte zur Digitalisierung überprüfen mit der SELFIE Anwendung, einer europäischen Entwicklung.

1.4.2 Drei Perspektiven auf digitale Bildung – das Dagstuhl-Modell

Das Dagstuhl-Modell findet sich in der oben beschriebenen Charta für Digitale Bildung und hat auch Eingang gefunden in die Ergänzung des KMK-Strategiepapiers[10] von 2021. Es wurde auf Schloss Dagstuhl im Saarland von einer Gruppe Expertinnen und Experten im Jahr 2016 entwickelt[11] und scheint gut geeignet, die unterschiedlichen Dimensionen der Digitalisierung im Bildungsbereich aufzuzeigen, die in der Bildungswelt allgemein gerne mit Sätzen wie „Es geht nicht alleine um die Ausstattung" oder „Die Pädagogik muss mitgedacht werden" postuliert, selten aber konkretisiert werden. Das Modell wurde kontinuierlich weiterentwickelt und wird auch in den ergänzten Formen in den weiteren Kapiteln des Buches aufgegriffen. Für eine vorläufige Einordnung hilft aber das erste Modell. Es zeigt drei Perspektiven auf, die für die digitale Welt und ihre Phänomene, Gegenstände und Situationen prägend sind und auch untereinander wirken:

- die technologische Perspektive der Digitalisierung mit der Frage, wie etwas funktioniert,
- die anwendungsorientierte Perspektive mit der Frage, wie man etwas nutzt,
- die gesellschaftlich-kulturelle Perspektive mit der Frage, wie etwas wirkt; gemeint ist dabei die Wechselwirkung von Gesellschaft auf Digitalisierung und auch umgekehrt.

Für diese Perspektiven finden sich auf der Seite der Hochschule Schwyz um Beat Döbeli Honegger zahlreiche Beispiele wie die Nutzung von Whatsapp, um bei einem Beispiel aus der Welt von Kindern und Jugendlichen zu bleiben. Die anwendungsorientierte Perspektive leuchtet ein, sie konzentriert sich auf solche Fragen: Wie nutze ich Whatsapp (oder

10 Lehren und Lernen in der digitalen Welt (Ergänzung, 2021). In: https://www.kmk.org/fileadmin/veroeffentlichungen_beschluesse/2021/2021_12_09-Lehren-und-Lernen-Digi.pdf (recherchiert am 16.3.2022)

11 Dagstuhl-Modell. In: https://mia.phsz.ch/Dagstuhl (recherchiert am 16.3.2022)

andere Messenger), wie stelle ich welche Parameter ein und was wären Alternativen?

Die technologische Perspektive impliziert dann Fragestellungen wie: Ist Whatsapp abhörsicher und wo werden die Daten gespeichert? Was bedeutet die Verschlüsselung?

Die gesellschaftlich-kulturelle Perspektive stellt Fragen wie: Wie verändern WhatsApp und andere Messenger die Kommunikation, das Verhalten bei Verabredungen oder die Dynamik in Gruppen(-Chats)? Das Dagstuhl-Modell[12] kann also für dieses Buch die Perspektiven der Digitalisierung genauer aufschlüsseln und helfen, unterschiedliche inhaltliche Fokusse zu setzen, wie Abb. 2 veranschaulicht. Denn es zeigt sich, dass es auf die drei Perspektiven genderbezogen andere Zugänge gibt, wie die Digital Gender Gap Studie (2020) belegt.

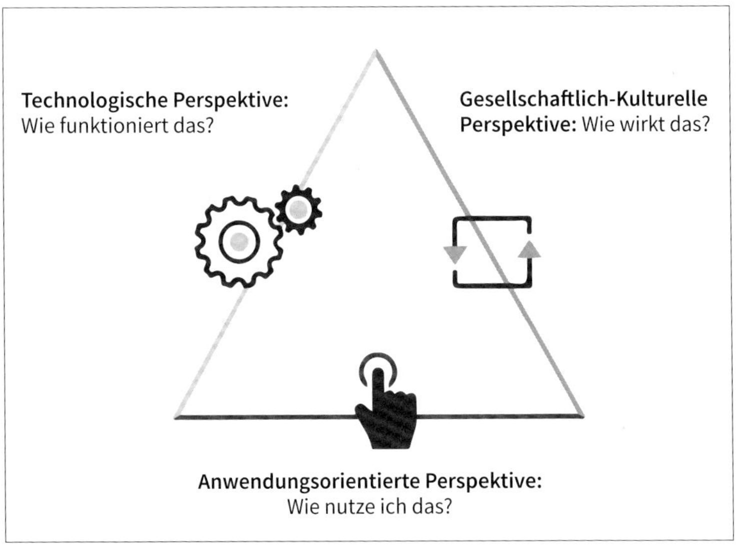

Abb. 2: Das Dagstuhl-Modell zeigt Perspektiven der Digitalisierung auf (CC-BY-SA-Lizenz Beat Döbeli Honegger und Renate Salzmann)

12 Dagstuhl Modell unter https://mia.phsz.ch/Dagstuhl CC-BY-SA-Lizenz Beat Döbeli Honegger und Renate Salzmann (recherchiert am 16.7.2022)

2 Der Digital Gender Gap und die drei Perspektiven

Die Digital Gender Gap Studie[13] von 2020 misst den Digitalisierungsgrad der Bevölkerung in Deutschland ab 14 Jahren und wurde von der Initiative D21 erstellt. Sie zeigt deutliche Unterschiede zwischen Frauen und Männern hinsichtlich des Digitalisierungsgrades, aber auch der technischen Ausstattung auf und deren Auswirkungen. Dabei gibt es eindeutig nicht *die* Männer und *die* Frauen als homogene Gruppe, sondern deutliche Unterschiede hinsichtlich ihres Digitalisierungsgrads und Alters, ihrer Profession oder ihres Bildungsgrads. Die untersuchten Dimensionen, wie sie Abb. 3 zeigt, verweisen dabei auf den Zugang zu Digitalisierung, das Nutzungsverhalten in der digitalen Welt, die digitale Kompetenz und die Offenheit gegenüber Digitalisierung.

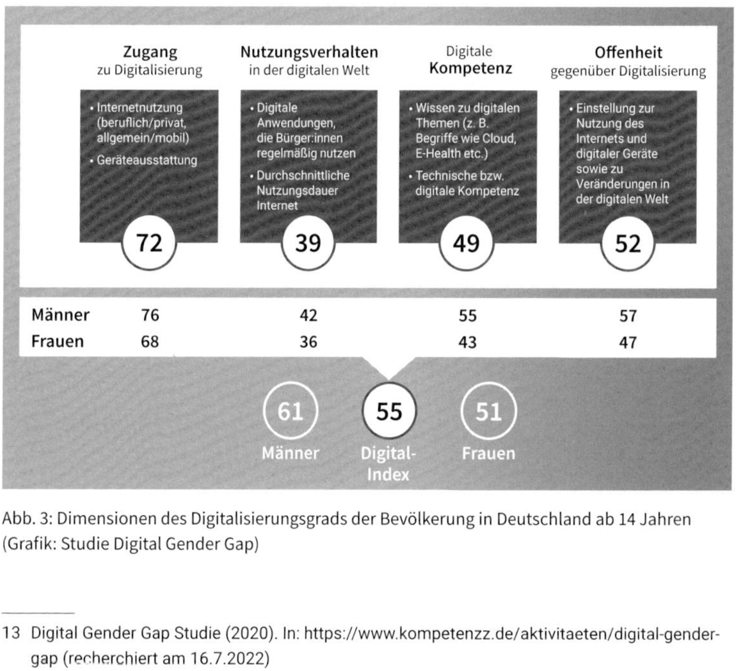

Abb. 3: Dimensionen des Digitalisierungsgrads der Bevölkerung in Deutschland ab 14 Jahren (Grafik: Studie Digital Gender Gap)

13 Digital Gender Gap Studie (2020). In: https://www.kompetenzz.de/aktivitaeten/digital-gender-gap (recherchiert am 16.7.2022)

Zusammengefasst lassen sich folgende Tendenzen festhalten:
- Frauen sind tendenziell weniger digital kompetent und neigen zusätzlich dazu, ihre digitalen Kompetenzen zu unterschätzen.
- Sie erzielen je nach Alter signifikant geringere Ergebnisse bezogen auf Fragen zu Stichworten wie Darknet, Künstliche Intelligenz, Virtual Reality und Algorithmus.
- Männer sind tendenziell digital kompetenter und neigen zusätzlich dazu, ihre digitalen Kompetenzen zu überschätzen.
- Frauen sind am Arbeitsplatz tendenziell schlechter digital ausgestattet.
- Männer sind tendenziell offener für Neuerungen und digitale Entwicklungen.

Diese Beobachtungen sind besonders gravierend für den Bildungsbereich: Schule als Ort, der Kinder auf deren Zukunft und nicht auf unsere Vergangenheit vorbereiten soll (A. Schleicher in „Schule verändern - jetzt!“, S. 155), muss als Ort der Zukunft eine Offenheit für neue (auch technische und digitale) Entwicklungen zeigen, um nicht als ewig gestriger Ort, abgehängt von der aktuellen gesellschaftlichen und beruflichen Entwicklung den Anschluss zu verpassen. Lehrkräfte brauchen also unbedingt mehr Offenheit, mehr Neugier. Sie brauchen auch mehr Überschneidungsfelder zu den nachfolgenden aufnehmenden Systemen wie Betrieben und Hochschulen. Idealerweise verstehen sich Pädagoginnen und Pädagogen als Vorbilder dafür, wie die junge Generation der Zukunft begegnen kann. Wie unterschiedlich die Bevölkerung insgesamt an digitalen Trends interessiert ist, zeigt Abb. 4. Dort sehen Sie die Unterschiede in der Offenheit der Bevölkerung in Deutschland ab 14 Jahren gegenüber neuen digitalen Entwicklungen.

2.1 Die gesellschaftlich-kulturelle Perspektive der Digitalisierung und Gender

Die gesellschaftlich-kulturelle Perspektive wird am besten beleuchtet durch die Frage: Wie wirkt das? Dabei ist eine Wechselwirkung gemeint zwischen Gesellschaft und Digitalisierung. Hier betrachte ich die Wechselwirkungen für Frauen und speziell Lehrerinnen genauer.

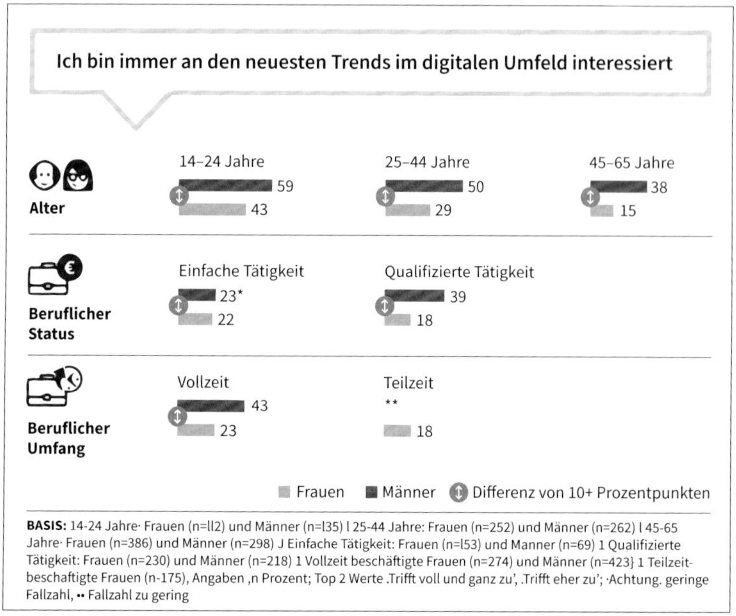

Abb. 4: Unterschiede in der Offenheit der Bevölkerung in Deutschland ab 14 Jahren gegenüber neuen digitalen Entwicklungen (Grafik: Studie Digital Gender Gap)

2.1.1 Der Gleichstellungsbericht 2021

Der Gleichstellungsbericht 2021[14] hatte den Auftrag der Bundesregierung, folgender Frage nachzugehen: „Welche Weichenstellungen sind erforderlich, um die Entwicklungen in der digitalen Wirtschaft so zu gestalten, dass Frauen und Männer gleiche Verwirklichungschancen haben?“ Das Gutachten der (multiprofessionellen und gemischtgeschlechtlichen) Gruppe von Expertinnen und Experten kommt zu folgenden Ergebnissen:

– Nach der I-methodology orientiert sich die Technikentwicklung an der Erfahrungswelt der (meist männlichen) Entwickelnden; Technik

14 Gleichstellungsbericht 2021. In: https://www.bmfsfj.de/resource/blob/185576/63321c9dc8ab8c63266c40cbf4d84e05/dritter-gleichstellungsbericht-eine-zusammenfassung-des-gutachtens-deutsch-data.pdf (recherchiert am 16.7.2022)

ist also nicht neutral (z. B. durch Tests ausschließlich in der eigenen Gruppe der Entwickelnden).
- Es gibt diskriminierungsfreie Software, die allerdings bisher zu wenig in der Praxis eingesetzt wird.
- Bisher liegt der Frauenanteil in der IKT-Branche bei 17%.
- Es gibt in Digitalberufen einen zunehmenden Gender Pay Gap bei kleineren Betrieben.
- Eine agile Organisationskultur führt eher zu traditionellen Rollen/Machtverhältnissen (Frauen als Moderierende).
- Frauen gründen selten in der Digitalbranche und haben weniger Zugang zu Gründungskapital.

Die daraus abzuleitenden Handlungsempfehlungen beziehen sich u. a. auf eine teilhabeorientierte Technikgestaltung und die Beteiligung von Nutzerinnen an der Entwicklung von Apps. Zudem empfiehlt die Expertengruppe einen Perspektivwechsel weg von „fix the women“ hin zu „fix the company“ und „fix education“, so dass nicht Frauen für den MINT-Bereich „fit gemacht“ werden sollen, sondern die „Arbeits-, Organisations- und Ausbildungskultur geschlechtergerecht gestaltet“ werden soll. Dabei sehen die Expertinnen und Experten Landesunternehmen und Behörden in der Vorreiter-Rolle für geschlechtergerechte Arbeits- und Organisationspraktiken.

Wie lassen sich diese Empfehlungen auf den Bildungsbereich übertragen? Hilfreich und ermutigend ist der Ansatz, weibliche Lehrkräfte nicht als mangelhaft digital kompetent zu betrachten, sondern sie durch positive Strukturen und Angebote zu ermutigen und bestehende Barrieren abzubauen. Das können niedrigschwellige Angebote wie Mikrofortbildungen, Lernen von der Kollegin, die Implementierung von Mentorinnensystemen bedeuten, aber auch asynchrone Fortbildungsangebote, die eher genutzt werden können, da Frauen hier ihre Zeit flexibler einteilen und der höhere Anteil an Teilzeitstellen besser berücksichtigt werden können. Weibliche Lehrkräfte sind bekanntlich zu einem höheren Anteil diejenigen, die Beruf und Familie vereinbaren und asynchrone Angebote eher bevorzugen als längere Arbeitszeiten. Wir können uns angesichts dieses Rollenverhaltens durchaus fragen, wie viele Talente dadurch unerkannt bleiben, wie viel Potential verkannt wird.

2.1.2 Verschenkte Potentiale

Die renommierte Soziologin und Präsidentin des Wissenschaftszentrums Berlin für Sozialforschung Jutta Allmendinger schreibt in ihrem Buch „Verschenkte Potentiale?“[15] über Lebensläufe nicht erwerbstätiger Frauen. Sie stellt fest, dass die Rückkehr ins Erwerbsleben nur wenigen Frauen gelingt (etwa 13 % nach der Babypause):

> „Wenn die Frauen jung und gut qualifiziert sind, zuvor einen anspruchsvollen Beruf ausgeübt haben, dann glückt ihnen der Wiedereinstieg am ehesten. Diese Frauen werden gebraucht und können ihren beruflichen Status auch nach dem Wiedereinstieg halten. Ihre Verluste entstehen an anderer Stelle: Eine Rückkehr in Vollzeitbeschäftigung ist fast keiner Frau möglich. Der Zugang zu gutem Einkommen und einer beruflichen Karriere bleibt ihnen meist verschlossen.“ (S. 140)

Ebenso stellt sie fest, dass wir Potentiale verschenken, wenn 5,6 Millionen nicht erwerbstätige Frauen den Anschluss an den Arbeitsmarkt verpassen. Sie betont, dass mit der Integration von Frauen in den Arbeitsmarkt die finanzielle Stellung der gesamten Familie und die Bildungschancen ihrer Kinder eng verbunden sind. (S. 143)

Für den Bildungsbereich ist der Einbezug solcher Überlegungen wichtig, da hier der Frauenanteil bei 73% aller Lehrkräfte und an Grundschulen bei über 90% liegt[16]. Vereinbarkeit ist daher für den Bildungsbereich ein großes Thema, ebenso die Bedeutung von Weiterbildung und digitaler Offenheit. Ich gehe davon aus, dass wir hier ein großes Potential verschenken. Fragen wir uns also: Könnten Frauen an der Digitalisierung mehr teilhaben und diese aktiver gestalten, wenn die Vereinbarkeit von Familie und Beruf besser geregelt wäre? Wie lassen sich Fort- und Weiterbildung mit einer Teilzeitstelle vereinbaren? Gibt es einen Zusammenhang zwischen einer geringeren digitalen Offenheit und Experimentierfreude und den knappen zeitlichen Ressourcen zahlreicher Teilzeit-Lehrerinnen, die gleichzeitig die sogenannte Care-Arbeit für die Familie übernehmen? Das legt zumindest die Gender-

15 Allmendinger, Jutta (2010): Verschenkte Potentiale, Campus, Frankfurt

16 Frauenanteil unter den Lehrkräften. In: https://de.statista.com/statistik/daten/studie/1129852/umfrage/frauenanteil-unter-den-lehrkraeften-in-deutschland-nach-schulart/ (recherchiert am 16.7.2022)

Forscherin Franziska Schutzbach in ihrem Buch „Die Erschöpfung der Frauen" nahe.[17]

Die digitalen Kompetenzen unterscheiden sich aber nicht nur beim sozialen Geschlecht. Die Zugänge unterscheiden sich auch nach Alter, nach Bildungsgraden und Literalität insgesamt sowie nach Herkunft und werden im Begriff *digital divide* zusammengefasst, also einer digitalen Bildungsschere.

Wenn Teile der Gesellschaft von dieser dynamischen Entwicklung ausgeschlossen sind, haben diese weniger Zugang zu gut bezahlten Jobs, weniger Aussicht auf zukunftsweisende Tätigkeiten und auch auf Mitsprache und Einfluss. Die digitale Welt bildet durch den *digital divide* nur einen Teil unserer Gesellschaft ab, sie ist noch immer geprägt durch die Welt derer, die das Internet entwickelt haben. Schon im vielzitierten Twitterlehrerzimmer gab es eine Sammlung der dort engagierten Frauen von MrsGreenGER. Sie postet: „WIR SIND VIELE!" – und sammelt auf einem pinkfarbenen Poster die Fotos der aktiven Twitterlehrerinnen[18].

Es gibt sie also, die digital-affinen Lehrerinnen, aber sie sind weit in der Minderheit. Auch der Routenplaner #digitale Bildung konstatiert für die Autorenrunde: „Das Internet [ist] bunt und vielfältig […]. Unsere, z. B. rein männliche Zusammensetzung, ist es nicht. Wir sind uns bewusst, dass viele Blickwinkel in diesem Band fehlen." [19] Ich bezweifle, dass auch das Internet so bunt und vielfältig ist. Es ist groß, aber bildet es alle Vielfalt ab? Twittern Reinigungskräfte mit geringen Deutschkenntnissen, die Arbeitskräfte der Müllabfuhr oder Metallfertigung, der Verband der Obdachlosen? Und obdachlos waren im Jahr 2020 zumindest 417.000 Menschen.[20]

2.1.3 Digitale Kompetenzen: Lifestyle skills oder workplace skills?

Wie lässt sich das ändern? Das fragten sich auch Lisa Nüßlein und Johanna Schmidt und entwickelten Weiterbildungsempfehlungen für Men-

17 Schutzbach, Franziska (2021). Die Erschöpfung der Frauen. Droemer, München

18 Wir sind viele! Tweet vom 27.9.2021. In: https://twitter.com/MrsGreenGER/status/1442361215569727489?s=20&fgfgft=k002mRjFVi6xKJ6UOud6ag (recherchiert am 16.7.2022)

19 Krommer, A. u. a. (2019): Routenplaner #digitale Bildung, Auf dem Weg zum zeitgemäßem Lernen. Eine Orientierungshilfe im Digitalen Wandel, Hamburg

20 Anzahl der wohnungslosen Männer, Frauen und Kinder. In: https://de.statista.com/statistik/daten/studie/785642/umfrage/anzahl-der-wohnungslosen-maenner-frauen-und-kinder-in-deutschland/ (recherchiert am 16.7.2022)

schen mit geringen digitalen Kompetenzen[21]. Sie beschreiben den *digital divide* nach Alter, Wohnlage, Bildungsgrad und Wohnort (Unterschied zwischen ländlichen Gebieten und Stadt). Und auch bei den *digital natives* wird klar unterschieden zwischen lifestyle skills und workplace skills. Roman Rüdiger von Talent Digital zitiert:

> „Unter den männlichen Achtklässlern, deren Muttersprache nicht Deutsch ist, haben beispielsweise 46 Prozent so gut wie keine digitale Souveränität, obwohl sie als Digital Natives aufwachsen. Aber es reicht eben nicht, YouTube oder WhatsApp bedienen zu können. Das ist alarmierend."

Dass sich nicht alle Menschen in „Digitalien" (Wortschöpfung gefunden bei Beat Döbeli Honegger) wohlfühlen, nicht alle dort heimisch sind, besonders in Deutschland, führt zum Bild der bösen Medienwelt. Ähnlich wie ein Walkman und das Lesen von Comics in meiner Jugend verteufelt wurden, hörschädigend bzw. verdummend wirken sollten, wird heute vor dem schädlichen Einfluss der „neuen Medien" gewarnt. Sie sind natürlich längst nicht mehr neu. Das ist in etwa so, als würden wir von den CDs oder Einwegkameras oder Cordhosen als „dieser neuen Entwicklung" sprechen. Um es mit Marina Weisband, Publizistin, Psychologin und Beteiligungspädagogin zu sagen: Es ist wichtig zu erkennen, „(dass) Digitalisierung weder ‚Fluch' noch ‚Segen' ist, sondern ein Paradigmenwechsel(...)"[22]

2.1.4 Weiblich oder divers? Im Durchschnitt ausgeschlossen!

Manche Bevölkerungsgruppen kommen in diesem Paradigmenwechsel bisher insgesamt weniger vor. Nicht vorzukommen hat zahlreiche weitreichende Folgen. Messergebnisse und neue Entwicklungen wurden immer wieder und werden noch am (westlichen) Durchschnittsmann standardisiert. Hier ein paar Beispiele. Zusammengefasst hat sie Caroline Criado-Perez unter dem Kapitel „Was Männern passt, hat allen zu passen"[23] (Unsichtbare Frauen, 2020, S. 217 ff):

- Die Standardklaviatur ist nach der Spannweite der männlichen

21 Digitale Kompetenzen für alle (2020). In: https://de.rescue.org/sites/default/files/2020-11/Digitale%20Kompetenzen.pdf (recherchiert am 16.7.2022)

22 Vorwort Routenplaner #digitale Bildung (2019, ohne Seite)

23 C. Criado-Perez (2020): Unsichtbare Frauen. Wie eine von Daten beherrschte Welt die Hälfte der Bevölkerung ignoriert. München

Durchschnittshand bemessen. Dadurch haben Pianistinnen weniger Chancen, weltberühmt zu werden. Diejenigen, die es doch schaffen, haben im Durchschnitt große Hände. Sie haben dadurch ein zu 50 % höheres Risiko auf Schmerzen und Verletzungen.

- Spracherkennungssoftware erkennt männliche Sprache mit bis zu 70% höherer Wahrscheinlichkeit (Stand 2016). Frauen sollten tiefer sprechen. Ursache ist die geschlechterbezogene Datenlücke (ebda, S. 225).
- Algorithmen werden in den USA zu 72% bei Bewerbungen zur Vorauswahl eingesetzt. Wie wirken Datenlücken hier?

Diese Einseitigkeit lässt sich auch auf ethnische Diversität übertragen, aber für Männer und Frauen ist sie vielleicht am augenfälligsten. In der Wahrnehmung nicht vorzukommen, heißt – besonders in Datensätzen und den daraus abgeleiteten Entwicklungen – weniger berücksichtigt zu werden. Wir brauchen Programmiererinnen und geschulte Programmierer, diverse Teams, um das auszugleichen.

2.1.5 Digitale Verstärker des inneren Kompasses

Ein weiterer guter Grund, sich für digitale Mündigkeit aller einzusetzen, sind die ausstehenden Entwicklungsaufgaben der Digitalisierung: Welche ethischen Maßstäbe setzen wir für Datennutzung, für KI-Entwicklung usw. an? Wie lässt sich Digitalisierung für eine Energiewende, für Nachhaltigkeit und Klimaziele nutzen?

Oder: Welche Regeln sollten für Kommunikation im Netz gelten? Die Medien- und Kommunikationsexperten Bernhard Pörksen und Friedemann Schulz von Thun beschreiben beispielsweise eindringlich den kommunikativen Klimawandel der veränderten Gesellschaft und plädieren für eine Ethik des Dialogs – mit Bereitschaft zum Streit und zur klärenden Konfrontation.[24]

Auf Unterricht bezogen stellt sich die Frage: Wie geht zeitgemäße Bildung digital *und* analog? Denn auch hier ist der ausschließliche Einsatz von digitalen Medien weder Heilsbringer noch ein Garant für gu-

24 B. Pörksen/F. Schulz von Thun (2020): Die Kunst des Miteinander-Redens. Über den Dialog in Gesellschaft und Politik. München

ten Unterricht. Der Medienpädagoge Jöran Muuß-Merholz fasst es so zusammen:

> „Digitale Medien sind große Verstärker. Mit digitalen Medien lässt sich eine progressive Pädagogik stärken und ausbauen (...). Und mit digitalen Medien lässt sich eine Drill-and-practice-Pädagogik mit starker Steuerung und intensiver Kontrolle verstärken (...)."

Wir nehmen also unsere bereits vorherrschende Einstellung und unser inneres Leitbild mit nach „Digitalien".

2.1.6 Interview mit Daniel Dettling: Frauen sind die besseren Digitalisierer

Wie ermutigend wirkt angesichts der bisherigen Ausführungen die Aussage des Zukunftsforschers Daniel Dettling (Zukunftsinstitut re:s publica, Berlin), wenn er einen female shift als neuen Megatrend voraussagt. Seine Aussage in der Neuen Zürcher Zeitung hat mich neugierig gemacht (NZZ vom 15.5.2020)[25]:

> „Kulturtechniken wie emotionale Intelligenz, Kommunikations-Intelligenz und Netzwerk-Intelligenz werden wichtiger. Diese Techniken liegen Frauen mehr als Männern. Empathie, Kreativität, Kollaboration und Problemlösung auch. Ihnen liegt es, ein organisatorisch-adaptives, fluides System aufzubauen und sie schaffen es leichter, innovative >>Eco<<-Systeme kooperativ zu integrieren und in Netzwerken weiterzuentwickeln. Bei der Digitalisierung geht es nicht nur um Technik, sondern vor allem um Menschen. Frauen sind die besseren Digitalisierer. Warum? Sie hören zu!"

Dieser Ansatz passt gut zu der Idee, Frauen und hier weibliche Lehrkräfte in ihrem Potential zu sehen und nicht mit dem defizitorientierten Blick. Die Wissensvorsprünge anderer lassen sich leichter aufholen, wenn es eine ermutigende Perspektive gibt – das wissen wir als Pädagoginnen und Pädagogen.

Kati Ahl: *Sie sind Zukunftsforscher, wie finden Sie die Megatrends der Zukunft?*

Daniel Dettling: Es gibt eine internationale Community an Zukunftsforschern, die sich natürlich auch untereinander verständigen. Interessanterweise ist der jüngste Megatrend erst vor einigen Jahren dazu gekommen, es ist das Thema Sicherheit. Grundsätzlich gibt es drei Eigenschaften von Megatrends: Sie haben erstens eine gewisse Zeitspanne von mindestens 30 bis 50 Jahren, sind also epochal. Sie sind zweitens global, also beziehen sich auf alle Kontinente, nicht nur auf einen. Und drittens gehen sie in alle Lebensbereiche ein, also betreffen nicht nur Politik oder Wirtschaft, sondern auch Kulturgesellschaft und Wissenschaft, sind also ubiquitär. Wenn man also diese drei Eigenschaften bei einem Trend feststellt, dann kann man durchaus von einem Megatrend sprechen.

25 Corona wird unsere Arbeitswelt revolutionieren (25.5.2020). In: https://www.nzz.ch/meinung/digital-im-schwarm-corona-revolutioniert-unsere-arbeitswelt-ld.1556125 (recherchiert am 16.7.2022)

KA: *Und jetzt haben Sie den female shift als Megatrend vorausgesagt. Woran machen Sie fest, dass er kommen wird? Oder ist er schon da?*

DD: Den kann man schon recht lange beobachten. Also Länder, in denen es mehr Gleichberechtigung und Gleichstellung der Geschlechter gibt, sind ökonomisch und sozial erfolgreicher, sind auch besser durch Krisen gekommen, durch die Finanzkrise beispielsweise. Auch durch Corona sind viele Länder wie Dänemark, Neuseeland, Taiwan und Südkorea, die von Frauen regiert werden, besser gekommen.

KA: *Und was müssen wir tun, wenn wir diesen female shift ausbauen wollen?*

DD: Megatrends sind keine Selbstläufer. Wir müssen uns verändern, müssen uns anpassen. Es hängt von Quoten in den Führungsetagen ab bis hin zu einer veränderten Unternehmenskultur. Dass Unternehmen sich über Präsenz-Zeiten bei der Arbeit definieren, muss aufhören. Ich denke, wir werden in 15, 20 Jahren gar nicht mehr davon reden, sondern es wird selbstverständlich sein, bis hin zu Diversity Programmen. Wir haben jetzt eine Zwischenphase. Wenn Sie so wollen, ist die Generation der unter 40-Jährigen die erste Generation, die das tatsächlich auch erlebt und lebt. Die ältere Generation ist noch klassisch aufgewachsen, so dass Frauen eher die Care-Arbeit machen und Männer die Karriere. Das wird sich in den nächsten Jahren massiv verändern und auch verlagern, auch dadurch, dass Care-Berufe aufgewertet werden, sodass es für viele Männer interessanter wird, in diese Berufe zu gehen.

KA: *Sie sagen, Frauen sind die besseren „Digitalisierer“. Warum ist das so?*

DD: Das Versprechen der Digitalisierung ist Vernetzung: Vernetzung, besseres Zusammenarbeiten, Arbeiten in Teams. Und da wissen wir aus vielen Studien, dass Frauen kommunikativer sind. Sie können besser kooperieren über Hierarchien, Grenzen, Disziplinen hinweg. Männer sind eher hierarchisch, statusorientiert und tun sich eher schwer in Teams und interdisziplinär zu arbeiten. In der Digitalisierung geht es um fluide, schnelle Grenzen, überschreitende Vernetzung und Koordination, Kooperation. Auch was die Kompetenzen der sogenannten 4 K-Kompetenzen betrifft – Kreativität, Kommunikation, Kooperation, kritisches Denken –sind Frauen erwiesenermaßen besser.

KA: *Was bedeutet das für Teams? Sind gemischte Teams leistungsfähiger?*

DD: Ja, gemischte, heterogene Teams, vielfältige Teams – nicht nur Frauen und Männer, sondern auch Alt und Jung oder mehrere Kulturen – sind leistungsfähiger, sind kreativer, sind produktiver. Das haben auch zahlreiche Studien gezeigt. Daher geht es in Zukunft mehr denn je auch um Diversity und Programme der Vielfalt.

KA: *Wie profitieren beispielsweise Männer von den Frauen im Team?*

DD: Männer profitieren, wenn sie sich auf diverses Arbeiten einlassen. Es gibt aber sicherlich auch viele „Verhinderer" in den Unternehmen oder in den Betriebsorganisationen. Aber Männer, die mitgehen, die das positiv sehen, die keinen Unterschied machen, können auch davon lernen. Die Bereitschaft beispielsweise, von einer Frau geführt zu werden, ist heute fast selbstverständlich geworden und hat sich stark verändert. Und so gesehen lassen sich auch zunehmend Männer auf diesen Wandel ein.

KA: *Was können Frauen von Männern lernen?*

DD: Sicherlich das Verhandeln, da sind Männer wesentlich selbstbewusster. Männer überschätzen ihre eigenen Fähigkeiten öfter. Frauen stapeln eher tief, Männer eher hoch bei Verhandlungen. Das erklärt teilweise auch den Gender Pay Gap.

KA: *Sie haben in Ihrem Buch „Zukunftsintelligenz" sieben Regeln aufgestellt für eine intelligentere Zukunft. Eine Regel lautet, sich aus der digitalen Unmündigkeit zu befreien. Was ist digitale Mündigkeit für Sie?*

DD: Nach der Kant'schen Definition ist Freiheit die Nutzung des Verstandes und die Befreiung aus einer selbstverschuldeten Unmündigkeit. Die digitale Unmündigkeit handelt von der Kritiklosigkeit gegenüber Digitalisierung, denn Digitalisierung ist kein Erlöser oder Retter, sondern kann uns helfen; sie ist eine Kulturtechnik. Wenn wir uns zu abhängig machen von Digitalisierung, wenn wir alles an digitale Tools, an Apps oder an Plattformen, auch an soziale Medien delegieren, macht uns das nicht glücklicher. Das ist mit digitaler Mündigkeit gemeint; also selbstkritisch, eigenverantwortlich, autonom diese Tools zu nutzen, so dass sie uns helfen und uns nicht beeinträchtigen oder sogar gesundheitlich gefährden.

KA: *Es gab 2020 eine Studie „Digital Gender Gap". Da sind in allen Altersstufen Unterschiede zwischen Männern und Frauen festgestellt worden in digitaler Kompetenz, in Selbsteinschätzung der digitalen Kompetenzen, in der Offenheit und Einstellung zur Digitalisierung. In allen Punkten haben Frauen niedrigere Punktzahlen erreicht als Männer. Wie können sich denn jetzt speziell Frauen aus dieser digitalen Unmündigkeit befreien?*

DD: Wahrscheinlich wurden einige Kriterien gar nicht abgefragt. Aber es zeigt natürlich, dass Frauen hier noch Aufholbedarf haben. Es fängt im Bildungsbereich an, dass die entsprechenden Fächer eher auf Jungen zugeschnitten sind, oder dass Lehrkräfte eher Jungen bevorzugen, auch Lehrerinnen interessanterweise. Es müsste eigentlich selbstverständlich sein, dass in MINT-Fächern beide Geschlechter einbezogen werden. Das ist vielleicht auch eine Frage der Quotierung oder der Vorgaben. Es kann nicht sein, dass in den Studiengängen der IT, Informatik, Naturwissenschaften zwei Drittel der Studierenden männlich sind und nur maximal ein Drittel weiblich. Es geht darum zu sensibilisieren, frühzeitig auf diese Themen vorzubereiten und auf der anderen Seite aber auch Digitalisierung zu einem Alltags-Thema zu machen.

KA: *Wie meinen Sie das?*

DD: Wir müssen Digitalisierung nicht nur technisch betrachten, sondern verbinden, beispielsweise mit Umwelt, mit Kultur, mit Kunst, also mit den sogenannten weichen Fächern, dann wird Digitalisierung populärer. Dann finden es auch junge Mädchen oder Frauen spannend, sich mit diesen Themen zu befassen. Also raus aus der Technik-Ecke, rein in die Gesellschafts- und Zukunfts-Ecke. Digitalisierung kann sehr viel bewirken.

KA: *So ähnlich hat das auch diese Studie herausgefunden. Dort wird vorgeschlagen, dass Frauen stärker einen sinnhaften Kontext und eine Nutzungsperspektive der Digitalisierung brauchen.*

DD: Genau das ist meine These: Die Digitalisierung muss nutzen, uns weiterbringen und sie muss Sinn machen, sonst wird sie nicht genutzt oder ist nicht hilfreich. Dann kostet sie Zeit und Geld. Und wir sehen beim Stichwort digitale Einsamkeit, dass sehr viele junge Menschen – vor allem junge Männer – von dieser digitalen Einsamkeit betroffen sind. Sie tummeln sich zwar im Netz, beschäftigen sich mit Digitalisierung. Sie sind aber einsam, sind eben nicht vernetzt, nicht verbunden, und das begünstigt Krankheiten. Digitalisierung kann also auch abhängig, krank, süchtig machen und die Gesundheit gefährden. Und das ist natürlich auch teilweise Sinn und Zweck der Plattformökonomie. Die sozialen Medien, Facebook und so weiter, wollen uns abhängig machen, fördern den Suchtcharakter und sehen uns eher als Konsumenten und nicht als Bürger. Hier sehe ich eigentlich die gefährliche Entwicklung, die ich mit digitaler Unmündigkeit definiere.

KA: *Ich weiß, dass Sie auch Vater sind. Schule wird ja gerne als gestriger Ort bezeichnet. Was würden Sie sich für Ihre Kinder an Förderung wünschen, damit sie gut auf die Zukunft, auch auf die digitale Zukunft vorbereitet werden?*

DD: Alle drei Kinder nutzen natürlich digitale Medien. Aber sie konsumieren eher. Sinn und Zweck wäre es natürlich, im Unterricht stärker digitale Tools und Medien so einzusetzen, dass sie auch zur Lösung von Alltagsproblemen beitragen. Dass man beispielsweise im Team eine App programmiert, die die Schule klimafreundlicher macht oder toleranter macht, vernetzter macht oder die den Austausch mit anderen Schulen fördert. In diese Richtung müsste die Entwicklung gehen. Es geht um Digitalisierung und Vernetzung mit Aufgaben, mit Herausforderungen, mit anderen Menschen. Dann sehen die jungen Menschen auch, dass Digitalisierung sie in ihrer Selbstwirksamkeit unterstützt, dann ist sie auch ein Tool für Resonanz und Selbstwirksamkeit. Bislang tummeln sich junge Menschen häufig im Netz, um Hasskriminalität oder Mobbing zu beobachten oder teilweise auch zu erleiden bzw. selbst auszuüben. Hier müssen wir unbedingt etwas dagegensetzen, das ist Aufgabe von Schule. Sie sollte Digitalisierung zu einem positiven Medium machen, zu einem Medium, das die Selbstwirksamkeit der jungen Menschen auch fördert, sie bestätigt und unterstützt. Schule ist in Zukunft mehr denn je ein System, das sich immer wieder neu erweitert, auch aus Fehlern lernt und neugierig auf Zukunft macht.

Dazu ein Kommentar: Die von Dettling angedeutete digitale Einsamkeit konnte ich nicht sicher belegt finden, ich fand widersprüchliche Aussagen zu Einsamkeit und Digitalisierung. So ist es möglich, dass Einsamkeit trotz größter Vernetzung eine Folge der veränderten Gesellschaft ist. Der Soziologe und Kulturwissenschaftler Andreas Reckwitz beschreibt dieses Phänomen in seinem Buch „Die Gesellschaft der Singularitäten"[26] als Zeichen unserer Epoche. Allerdings findet er neben Digitalisierung auch ökonomische, gesellschaftspolitische und kulturelle Ursachen. Ich frage mich deshalb: Was war zuerst da? Ist Digitalisierung nicht auch Ausdruck der gesamten gesellschaftlichen Entwicklung?

26 A. Reckwitz (2018): Die Gesellschaft der Singularitäten. Berlin

2.2 Die Anwendungsperspektive

Im Dagstuhl-Modell steht neben der gesellschaftlichen Perspektive die Anwendungsperspektive, die nun nach den Jahren des Lockdowns für viele Lehrkräfte wesentlich näher gerückt ist. Sie rückt in den Fokus, welche Tools wir auswählen, wie wir sie effektiv nutzen und erfordert eine Orientierung über die bestehenden Werkzeuge. Wir könnten also beispielsweise beleuchten, welche Social-Media-Kanäle Kinder und Jugendliche oder Lehrkräfte nutzen, wie sie sich in der Nutzung unterscheiden. Die Kernfrage dieser Perspektive lautet: Wie nutzen wir das?

2.2.1 Die JIM-Studie

Ergänzen lassen sich die bisherigen Erkenntnisse übrigens durch die JIM-Studie 2021, die feststellte[27]: Mädchen besitzen seltener einen Laptop oder PC als Jungen (72% zu 80%, vgl. S. 8). Auch das Nutzungsverhalten unterscheidet sich und entspricht den Ergebnissen oben:

> „So ist der Anteil an Jungen, die Plattformen im Gaming-Bereich wie Discord [...] und Twitch [...] regelmäßig nutzen, höher. Auch Teamspeak, das zur Kommunikation parallel zu Onlinespielen verwendet werden kann, wird häufiger von Jungen genutzt [...]. Mädchen verwenden hingegen häufiger Instagram [...] TikTok [...] Snapchat [...], Pinterest [...] und Facetime." (vgl. ebda. S. 38)

Mädchen nutzen also eher soziale Medien und Jungen Gaming-Angebote. Diese Ergebnisse scheinen widerzuspiegeln, dass alte Klischees und Rollenstereotypen längst nicht überwunden sind. Überspitzt formuliert: Die Digitalisierung findet weitgehend ohne Frauen statt. Das bedeutet nicht nur einerseits einen Ausschluss an zukunftsfähigen Entwicklungen und Berufschancen für Frauen, es ist andererseits auch ein Verlust an verkannten Potentialen und Fachkräften – eine Ressource, die derzeit dringend gebraucht wird. Auch hier stellt die Rolle der weiblichen Pädagoginnen einen multiplikativen Faktor dar: Erleben sich Lehrerinnen als wenig digital kompetent, verpassen sie nicht nur für sich berufliche Chancen, sondern geben diese Nicht-Kompetenz auch an die unterrichtete nächste Generation weiter. Umgekehrt: Als Schlüsselfiguren können sie durch

27 Jim-Studie. In: https://www.mpfs.de/fileadmin/files/Studien/JIM/2021/JIM-Studie_2021_barrierefrei.pdf (recherchiert am 16.3.2022)

ihre Sichtbarkeit und ihren Vorbild-Charakter die nächste Generation positiv mitprägen und Fenster öffnen.

2.2.2 Digitalisierung als Demokratisierungsmaschine?

„Die Digitalisierung ist eine Demokratisierungsmaschine" sagt Tijen Onaran, Unternehmerin, Speakerin und CEO des Netzwerkunternehmens Global Digital Women. Geäußert hat sie diesen so positiv klingenden Satz im Vorwort von „Female Empowerment – Women in Tech"[28], und erläutert, dass es die Vorbilder für Women in Tech schon gäbe, dass sie aber eine viel stärkere Sichtbarkeit und Vernetzung untereinander bräuchten, um sich gegenseitig zu empowern, also zu unterstützen und zu stärken. Die Machtnetzwerke, die Männer bereits seit Jahren in „All-Male-Panels" ausgebaut haben, bräuchten Frauen heute. Die Begründung liefert sie in ihrem eigenen Buchtitel gleich mit: „Nur wer sichtbar ist, findet auch statt"[29].

Nach den Ausführungen in den vorhergehenden Kapiteln möchte ich die Aussage zur Demokratisierungsmaschine relativieren: Digitalisierung *kann* demokratisieren. Dies gelingt, wenn alle mitmachen und Tools und Plattformen niemanden durch Algorithmen ausschließen. Wie z. B. die Akademikerin, die in der Umkleide ihr Schließfach nicht abschließen konnte. In der Programmierung der Schließfächer waren Frauen nicht mit Doktortitel vorgesehen, so dass ein Fehler im System entstanden war – ein erläuterndes Beispiel aus dem Gleichstellungbericht 2021.

Dass aber Digitalisierung demokratisieren kann, sehen wir an Bewegungen wie Fridays for Future und #metoo, die ihre Kraft durch die digitale Vernetzung gewonnen haben. Auch wer Plattformen wie nebenan.de ausprobiert, erkennt schnell, dass Vernetzung durch Digitalisierung eine starke Kraft in der Breite erreichen kann und nicht zwingend einsamer macht.

Was bedeutet diese Vernetzung nun aus Sicht von Lehrerinnen? Es könnte zumindest Frauen in ihren statistisch betrachtet hohen sozialen Kompetenzen wie Kommunikation und Teamgeist entgegenkommen, sich stark auf Vernetzung und die hohe Gemeinschaftlichkeit durch den

28 S. von Nessen/S. de Vries (2020): Female Empowerment – Women in Tech. Wroclaw
29 T. Onaran (2020): Nur wer sichtbar ist, findet auch statt. München

Austausch von Material, Unterrichtstipps und Erfahrungen zu fokussieren. Frauen nutzen häufiger Instagram als Männer, quer durch alle Altersgruppen. Sich hier zu vernetzen und zu kooperieren wie Nina Toller und Rieke Strehl, könnte noch viel mehr Frauen Spaß machen und einen der Vorteile der Digitalisierung, die Gemeinschaftlichkeit stärker erlebbar werden lassen – auch über das eigene Lehrerzimmer hinaus.

2.2.3 Bildungschancen durch neue digitale Anwendungen und Vernetzungen

Wie so viele Menschen befand auch ich mich im April 2020 im Homeoffice, als ich eine interessante Initiative entdeckte: Der Hackathon #wirfürschule machte es sich zur Aufgabe, für die vielen Schulen in Ausnahmesituationen Lösungen zu entwickeln, die sich auch digital umsetzen lassen und Schulen, Lehrkräften und Schülerinnen und Schülern helfen sollten. Dabei wurden die „Entwickler"-Teams aus den über 6000 Teilnehmenden bunt gemischt und hatten innerhalb eines Sprints von einer Woche ihre Lösungen fertig zu stellen, um sie anschließend zu „pitchen", also einer Jury vorzustellen. Das Motto des Hackathons hieß „Wir hacken Schule", ein Wortspiel aus „hacken" und Marathon. Es wurden zahlreiche Plattformen, Ideen und Impulse entwickelt, die teilweise der Kultusminister-Konferenz 2020 vorgestellt wurden. Auch 2021 gab es einen Hackathon, der von 2500 Menschen mitgestaltet wurde und an einem gemeinsamen Leitbild für die Schule von morgen arbeitete.

Ich möchte nicht verschweigen, dass es in pädagogischen Kreisen (vor allem im Twitterlehrerzimmer) auch Kritik an den Organisatorinnen und Organisatoren des Hackathons gibt. Es werden finanzielle oder politische Interessen vermutet, die mit dem Hackathon eine Plattform bekommen sollen.

Für mich war bei der Teilnahme ausschlaggebend, dass ich hier eine starke gemeinschaftliche digitale Arbeitsweise entdeckt habe, die ich vorher so nicht kannte – ganz zu schweigen von kollaborativen Tools wie Slack, GoogleDocs und Asana; Tools, die in der Wirtschaft sehr gängig sind, in der Schulwelt aber kaum eine Rolle spielen und bei mir eine starke Lernkurve in Gang setzten. Es arbeiteten fremde Menschen deutschlandweit digital vernetzt kollaborativ an schulischen Herausforderungen und waren von derselben Idee motiviert, Schule besser zu machen und dafür ein konkretes Problem zu lösen. Nach nur einer

Woche existierten neue Ideen, Vernetzungen, echte Ergebnisse, Apps, Plattformen, Angebote.

Mich begeistert, dass so viele Menschen bereit sind, aus der Einzelperspektive und individuellen Wahrnehmung herauszutreten, sich für andere Projektideen stark zu machen und ihre Kräfte zu bündeln. Das Format eines Hackathons erscheint mir neu und vielversprechend für Schulen, gemeinschaftlich und intensiv an echten Herausforderungen zu arbeiten. Einzelne Projekte lernte ich besser kennen, wie z.B. die digitalschoolstory oder das Cooperation Café. Die Form des Hackathons hat für mich enormes Potential. Es bringt gleichzeitig ein Lernen von digitalen Kompetenzen in der Gruppe mit sich und eröffnet – mit Methoden des Design thinking kombiniert – eine effiziente Projektplanung. Auch hier finden wir eine gewinnbringende Verschränkung von Digitalisierung, Sinnzusammenhang und Alltagsnutzen. Das ist eine motivierende Annäherung an digitales Arbeiten, welches Lehrkräfte stark anspricht.

2.2.4 Interview mit Verena Pausder: Traut es euch zu!

Verena Pausder, Autorin von „Das neue Land“, ist Unternehmerin. Sie hat unter anderem die Haba Digitalwerkstätten gegründet und 2017 den Verein „Digitale Bildung für Alle e. V.“ ins Leben gerufen. Ich lernte sie kennen, als ich mich im Hackathon 2021 engagierte.

Kati Ahl: *Du hast schon früh typische Erwartungen an Mädchen durchbrochen, zum Beispiel beim Fußballspiel. Was hast du da erlebt?*

Verena Pausder: Ich habe mit fünf Jahren mit Fußball angefangen, weil es mir sehr viel Spaß gemacht hat. Mit Beginn meiner Grundschulzeit bin ich dann in den Pausen und in meiner Freizeit auf den Bolzplatz gegangen. Als ich später aufs Gymnasium wechselte und immer noch in den Pausen zu den Jungs lief und da mitgekickt habe, fing es so langsam an, dass man den Unterschied bemerkte. Das hat mich dann aber eher motiviert als abgeschreckt, weil ich es schon immer mochte, unvorhersehbar zu sein, Mauern zu durchbrechen, Grenzen zu verschieben. Auf die Spitze getrieben habe ich es, als ich in der Werksmannschaft in München in meinem ersten Job beim Training aufs Spielfeld gekommen bin und gesagt habe: „Ich würde gerne mitspielen“. Da standen – aus meiner damaligen Sicht – ältere bayerische Männer auf dem Platz, die hatten natürlich erstmal totale Berührungsängste. Aber nach zwei, drei Spielen war ich fester Bestandteil der Mannschaft und hatte immer das Gefühl: Wenn du dich traust, die ersten Minuten zu überstehen, dann wirst du auch langfristig aufgenommen.

KA: *Lässt sich das Bild übertragen? Müssen Frauen einfach ein bisschen „tougher“ sein, damit sie in eine vermeintliche Männerdomäne eindringen können?*

VP: Ich glaube nicht, dass sie tougher sein müssen. Ich glaube aber, dass sie lernen müssen, etwas länger außerhalb der Komfortzone zu bleiben. Du musst eben diese ersten Minuten des Trainings oder der Situation durchhalten, auch wenn sich das erstmal unangenehm anfühlt. Ich muss meinen ganzen Mut zusammennehmen, um dahinzugehen, wo ich hingehen möchte, und dann wird man erst mal komisch angeguckt. Und dann muss ich aber auch noch richtig gut spielen. Den Druck muss man sicherlich aushalten. Verallgemeinert bedeutet das: Du bist wahrscheinlich in jedem männerdominierten Feld, in welchem du mitspielen möchtest, einem gewissen Erwartungsdruck ausgesetzt, auch dem Druck, den du dir selber machst. Davor darfst du nicht zurückschrecken.

KA: *Was könnte das für Männer bedeuten? Brauchen Frauen – um im Bild zu bleiben –Männer, die ihnen den Ball zupassen, damit sie ins Spiel kommen können?*

VP: Absolut. Das ist aus meiner Sicht noch die viel größere Konsequenz oder Ableitung aus dem Fußball-Beispiel. Immer da, wo Männer für Frauen aufstehen und Dinge ansprechen, die noch nicht gut laufen oder ihnen im positiven Sinne den Ball zupassen, wachsen alle über sich hinaus. Immer dann, wenn ich mich in Beiräten oder Aufsichtsräten oder in einem anderen Umfeld bewegte, das sehr männerdominiert war, sind Männer aufgestanden und haben für mich gesprochen. Das hat wiederum positiv auf andere Männer abgestrahlt. Aus meiner Sicht ist es gerade in der heutigen Zeit eine große Stärke, Teamplayer zu sein. Denn alleine werden wir nicht mehr alle Antworten auf die Zukunft finden.

KA: *Jetzt bist du ja selbst mit gerade diesem Mut, den du zeigst, auch Vorbild und Role Model. Du hast ja unter anderem das Buch geschrieben „Das Neue Land". Für mich steckt darin ein Stück Vorbild, weil du es wagst, so ein großes Bild zu malen. Müssen Frauen größer denken lernen?*

VP: Ja, ich glaube, wir müssen uns zutrauen, größer zu denken oder zu träumen, auch auf die Gefahr hin, dass wir immer befürchten: Naja, aber ich bin noch gar nicht schlau genug, um zu allem was zu sagen. Ich bin doch gar nicht legitimiert, dazu was zu sagen. Mein Anspruch an das Buch war ja nicht, sämtliche wissenschaftliche Literatur der letzten Jahrzehnte abzubilden und nochmal etwas draufzusetzen, sondern mein Anspruch war, einer breiten Öffentlichkeit Gedanken mitzugeben und aktuelle Situationen aus einem anderen Blickwinkel einzuordnen. Also es sollte ein Buch sein, das ermutigt, mit sich selbst ins Gespräch zu kommen, etwa so: Guck mal, das hab' ich ja auch schon mal so gedacht. Vielleicht sollte ich mich in Zukunft auch trauen, meine Idee einfach mal auszusprechen und zur Diskussion zu stellen. Mein Motto war also: Traut euch mehr zu und hängt die Latte nicht so fürchterlich hoch.

KA: *Diese Role Models sind ja für uns Frauen besonders wichtig. Du hast mir erzählt, dass du schon mal eine Astronautin getroffen hast. Warum war das wichtig für dich?*

VP: Das war deshalb wichtig, weil in der Begegnung eine Idee von der Möglichkeit entsteht. If you can see it, you can be it. Ich konnte ihr Fragen stellen wie: Seit wann interessierst du dich für den Weltraum? Seit wann guckst du mit deinem Vater oder deiner Mutter in die Sterne? Was hast du in der Schule für Fächer besonders gerne gemocht? Was hast du studiert? Man kann also einfach hinter die Kulissen blicken. Bei einer fertig ausgebildeten Astronautin ist es ja erst einmal schwierig, sich eine Scheibe abzuschneiden, aber ihren Lebensweg ein bisschen zu sezieren und Ähnlichkeiten zu finden – das inspiriert. Bei diesem Interview war ich mit 11- bis 13-jährigen Mädchen zusammen und man merkte, wie eine Tür im Kopf aufging: Ach so ... Man kann auch Astronautin werden! Das ist das, was mich daran fasziniert, Berufsbilder zu zeigen, die in der Vergangenheit nicht unbedingt weiblich waren. Ich möchte den Mädchen von heute zeigen: Es gibt keine Grenzen eures Denkens darüber, was ihr alles werden könnt.

KA: *Bedeutet das für die Schule, dass wir mehr solcher weiblichen Vorbilder zeigen müssen?*

VP: Unbedingt! Und das fängt bei der Lehrerin an, denn die ist für ganz viele Kinder, Mädchen wie Jungen, erstmal ein großes Vorbild. Und umso mehr sie verkörpert, dass sie eben auch Themen abdeckt, die vielleicht bisher männlich waren – mal IT-Lehrerin ist oder mit Programmier-Unterricht anfängt oder Mathematik anders erklärt und zugänglicher macht – desto besser. Aber darüber hinaus brauchen wir auch Role Models aus Wissenschaft, aus Wirtschaft, aus der Gesellschaft. Schule hat sich in der Vergangenheit aus meiner Sicht immer schwer damit getan, Menschen aus der Wirtschaft einzubinden. Häufig wurde dafür das Argument herangezogen, wir wollen ja nicht die Bildung kommerzialisieren. Aber auf der anderen Seite bereitet Schule ja nicht nur auf irgendein Leben vor, sondern auch auf Arbeiten und die Arbeitswelt.

KA: *Also brauchen wir beides, neue Rollenmodelle und Vorbilder: die Lehrerinnen als Vorbild, was man als Frau tun kann und um Denk-Räume zu ermöglichen, und die Role Models, die uns aufzeigen, was es noch alles gibt und wie man oder frau leben kann, um größer zu denken.*

VP: Wenn man mit Menschen spricht, die ihre Schulzeit sehr positiv in Erinnerung haben, dann liegt das meistens an einer Frau Soundso und einem Herrn Soundso, nicht am System generell. Sie sagen dann

z. B.: Ich hatte eine fantastische Deutschlehrerin, die hat in mir diese Liebe zur Sprache geweckt. Das müssen wir wieder viel mehr sehen, dass Lehrer und Lehrerinnen Fixsterne im Leben unserer Kinder sind und nicht etwas, was man eventuell auch wegdigitalisieren kann.

KA: *Jetzt sind wir ja in Deutschland sehr koedukativ. In England gibt es aber zum Beispiel auch Mädchen-Internate. Dort sagt man, dass Mädchen vor allen Dingen auch die MINT-Fächer anders lernen, wenn sie in reinen Mädchengruppen unterrichtet werden. Was meinst du dazu?*

VP: Dem würde ich zustimmen, obwohl ich nie gedacht hätte, dass ich das einmal genauso so sehen würde. Wir haben aber in unseren Digital-Werkstätten gesehen, dass sich zu bestimmten Kursen nur ganz wenige Mädchen anmelden. Deshalb haben wir geprüft, ob vielleicht die Bilder und Texte zu „jungsmäßig" wirken. Wir haben also die Bilder und Texte verändert, aber als sich immer noch kaum Mädchen angemeldet haben, haben wir die Mütter befragt, woran das liegen könnte. Warum, glaubt ihr, kommen die Mädchen nicht? Die Mütter haben dann berichtet, dass die Töchter sagen: Ich weiß nie, ob das für mich was ist. Ich bin ja gar nicht so gut darin, so gut wie mein Bruder und vielleicht blamiere ich mich da. Als Konsequenz daraus haben wir einen reinen Mädchenkurs aufgesetzt, der hieß auch Creative Coding, hatte den gleichen Inhalt, war aber Girls only. Und mit einem Mal war dieser Kurs voll. Es ging einfach nur um die ersten zehn Minuten, um diese erste Hemmschwelle. Dieses Muster hab' ich auch an der Code University in Berlin, bei der ich im Hochschulrat bin, erneut gesehen, als es zu wenige Anmeldungen von Frauen im ersten Semester gab. Dann haben wir ein Mentoring-Programm und ein Onboarding- und Orientierungs-Semester eingeführt – und plötzlich haben sich viel mehr Frauen angemeldet. Zusammengefasst bedeutet das: Gerade bei den Fächern, Berufen oder Studienrichtungen, die noch nicht typisch weiblich sind, müssen wir einen Extraschritt gehen und die Hemmschwelle, sich anzumelden, für Mädchen und Frauen senken. Danach sind sie gleich gut. Aber wie gesagt: Sie müssen erst mal eingeladen werden, zu kommen.

KA: *Wenn ich das jetzt auf weibliche Lehrkräfte in der Digitalisierung übertrage, würde das ja bedeuten, dass wir Mentorinnen brauchen oder vielleicht so eine Art Orientierungsphase zur Überwindung der ersten Unsicherheit.*

VP: Diese Mentorinnen-Phase würde ich nicht nur für den Anfang anbieten, sondern ich würde langfristig in Tandems denken. Die Tandems müssen auch nicht aus Frau-Frau-Paaren bestehen, sondern können auch Mann-Frau-Paare sein. Jede bekommt einen Tandem-Partner. Ich frage mich generell, warum wir das nicht viel mehr machen. Tandems sind in der Software-Programmierung der große Schlüssel zum Erfolg. Wir arbeiten ganz viel mit Pair-Programming. Dabei sitzen zwei Entwickler vor der gleichen Fragestellung und suchen gemeinsam den besten Weg. Das hat sich als wesentlich effizienter, kostengünstiger und schneller erwiesen, als wenn jeder ein eigenes Thema beackert. Aus meiner Sicht könnte man dieses Prinzip super auf Lehrer und Lehrerinnen übertragen.

KA: *Interessante Idee! Innerschulisch ist demnach klar: Wir brauchen Tandems für weibliche Lehrkräfte und vielleicht auch weibliche IT-Beauftragte, weil dann die Hemmschwelle für viele Lehrerinnen geringer ist, um Rat zu bitten. Was braucht es außerschulisch?*

VP: Man sollte sich die tollen Best Practice anschauen, die in Corona-Zeiten an den Akademien für Lehrerfortbildung, an Weiterbildungsinstituten angeboten wurden. Plötzlich gibt es Online-Kurse, gerade auch am Nachmittag. Da geht es z. B. um Fragen wie: Wie nutze ich eigentlich OneNote, wie funktioniert Mebis, wie setze ich Big Blue Button sinnvoll im Unterricht ein? Das sind alles sehr vielfältige und genau zugeschnittene Angebote. Dieses one size fits all, ein Angebot für alle, was in der analogen Bildungswelt noch funktionierte, passt heute nicht mehr. Und das andere ist die Aufforderung, einfach ins Machen zu kommen. Wir haben ja schon zwei Mal den Hackathon #wirfürschule veranstaltet. Es wäre wirklich hilfreich, wenn es vielleicht einmal im Schuljahr oder im Halbjahr eine Art Nachmittag zum Ausprobieren geben würde, einen Hackathon-Nachmittag oder sogar ein Wochenende für die Lehrkräfte, wo sie alles mal ausprobieren und nutzen und mit dem experimentieren können, was sie schon an ihrer Schule haben; das hätte dann so einen Barcamp-Charakter. Dieses Ausprobieren war ja das große Learning aus der Corona-Zeit, und das muss jetzt in den Schulalltag integriert sein oder zügig integriert werden. Rein theoretisches Wissen darüber anzuhäufen, wie digitale Bildung oder Geräte funktionieren, das ist jedenfalls sehr schwierig.

KA: *Jetzt hast du gerade den Hackathon angesprochen. Weißt du etwas über dessen Nutzung durch weibliche oder männliche Lehrkräfte?*

VP: Ich weiß, dass in 2021 ein Drittel der Gesamt-Teilnehmenden Lehrkräfte waren. Das finde ich positiv. Letztes Jahr waren es noch deutlich weniger. Wie sich das Feld der teilnehmenden Lehrkräfte in Frauen und Männer aufteilt, weiß ich nicht. Dieses Jahr ist der Hackathon von vielen auch als Hilfe zur Selbsthilfe genutzt worden, als Hackathon für die Schulentwicklung der eigenen Schule mit Eltern und Schulleitung. Viele Lehrkräfte haben sich auch die Tools und Methoden angeschaut, die wir angewendet haben und diese als Blaupause für die eigene Umsetzung genutzt.

KA: *Der Hackathon #wirfürschule ist ja keine rein technische Veranstaltung wie Hackathons im üblichen Sinn, sondern es werden genau solche Kompetenzen gebraucht, die Frauen zugeschrieben werden, Kollaboration zum Beispiel. Daniel Dettling sagt sogar einen female shift für die Digitalisierung voraus. Was können Frauen für eine Digitalisierung beitragen?*

VP: Ohne zu sehr in Stereotype zu verfallen, ist die große Stärke von Frauen, dass sie, ohne sich anzustrengen, alle im Blick haben. Nehmen wir ja alle mit? Sprechen wir die Sprache, dass man uns versteht? Wie können wir besser motivieren, wenn jemand nicht so richtig anspringt? Diese Kompetenz kann man auch mit Empathie beschreiben, oder man kann das Bild eines Seismografen heranziehen. Es wurde schon oft postuliert, dass Empathie eine der Kernstärken des digitalen Zeitalters sei, weil uns Roboter alles andere irgendwann abnehmen werden; aber eben nicht dort, wo Menschlichkeit, soziale Interaktion für immer die Hauptstärken sein werden. Und das ist für mich der Grund, anzunehmen, dass es einen female shift in der Digitalisierung geben wird. Wichtig ist, sich zu überlegen, wie wir diese Technologie einsetzen, was die Risiken sind und wie wir so steuern, dass sie allen zugänglich wird. Wie nutzen wir sie, damit Schüler und Schülerinnen den Unterricht verstehen oder das Lernen einfacher wird? In all diesen Fragen kann ich mir gut vorstellen, dass Frauen vorangehen werden.

KA: *Letzte Frage: Was würdest du den Lehrerinnen gerne sagen?*

VP: Traut es euch zu! Es gibt keinen Grund, warum nicht genauso viele oder sogar mehr Frauen bei diesem Thema vorangehen sollten als Männer. Und nur weil in der Vergangenheit das Thema IT und MINT sehr männlich belegt war, heißt das nicht, dass die nächsten zehn Jahre nicht deutlich von Frauen geprägt werden. Die drei Beispiele, die mir aus den letzten 12 Monaten als erstes durch den Kopf gehen, bei denen ich digitale Transformation an Schulen besonders beobachten konnte, da waren überall die Lehrerinnen die Treiberinnen. Tolle Pionierinnen, die vorangehen, haben wir schon. Davon brauchen wir einfach noch mehr!

Fazit: Frauen mit ihren kollaborativen Kompetenzen sind ein Gewinn für Teams. Mit ihrer „Superpower“ Empathie können sie gut in den Blick nehmen, wie wir die Digitalisierung steuern sollten. Sie sind besonders geeignet, zu reflektieren und mitzuentscheiden, an welchen Stellen und wie Digitalisierung eingesetzt werden soll. Dabei helfen ihnen besonders Lehrerinnen und Frauen als Vorbilder und Ermöglicherinnen, aber auch Role Models aus anderen gesellschaftlichen Bezügen, die zeigen, dass es geht, ebenso wie Mentorinnen und Mentoren. Mehr Digitalität zu wagen heißt auch, mehr als bisher Expertinnen und Experten in die Schulen einzuladen. Was ich nicht selbst kann, so die Haltung, kann ja jemand von außen einbringen. Auf diese Weise lernen Lehrkräfte nebenbei mit und die Lernenden müssen nicht auf das digitale Angebot verzichten. Das versucht beispielsweise auch die Digital School Story, ein ehrenamtliches Projekt, bei der Expertinnen und Experten sowie Influencer in den Unterricht kommen.

2.2.5 Interview mit Nina Mülhens: Kann Schule mehr wie TikTok sein?

Das Social Start-up DigitalSchoolStory ist eines der Gewinnerprojekte des Hackathon 2020 im Bereich Zukunftskompetenzen. Nina Mülhens ist Co-Founderin und Geschäftsführerin. Ihre Ziele und die ihres Teams: Jugendliche sollen von reinen Social Media-Konsumenten zu aktiven Gestaltern werden, dadurch digitale Skills erwerben und wieder mehr Spaß am Lernen bekommen. Unterstützung holt sie sich von Social Media-Stars, die das Projekt mit ihren Erfahrungen begleiten und Tipps geben.

Kati Ahl: *Was macht ihr bei DigitalSchoolStory?*

Nina Mülhens: Wir bringen Storytelling und agile Methoden in die Schule und vermitteln damit auch gleichzeitig Medienkompetenz, da am Ende ein kreatives Kurzvideoformat rauskommt mit einer maximalen Länge von 1 Minute, 30 Sekunden. Uns ist wichtig, an jedem bestehenden Schulfach anknüpfen zu können, auch in Mathe. Die Lehrkraft nimmt den aktuellen Schulinhalt als Hauptthema oder teilt es in kleine Unterthemen auf, das kann selbst entschieden werden. Die Klasse arbeitet dann in kleinen Gruppen, die damit tatsächlich wie kleine, agile Teams in einem Unternehmen vorgehen. Es gibt zu Beginn unter anderem ein Video zum Commitment. Darüber lässt sich bspw. regeln, dass alles vertraulich in diesem Raum bleibt. Wir möchten, dass die Jugendlichen anfangen, in einem geschützten Raum miteinander zu arbeiten, Fehler als Learning sehen, lernen und miteinander darüber sprechen können, ohne dass es öffentlich wird und man Scham und Gesichtsverlust erlebt. Das ist entscheidend bei unserem Projekt. Sobald die Gruppen ihr Thema haben, fangen sie an, ihr Thema zu recherchieren und ihre individuelle Story zu entwickeln. Das Storyboard unterstützt sie dabei. Die Schülerinnen und Schüler arbeiten zwischendrin mit zwei Retrospektiven und starten jede dieser Schulstunden mit einem Daily Stand-up. Beim ersten Videodreh sind sie auf sich gestellt, um mal ein Gefühl dafür zu bekommen. Danach gibt es Inspiration und einen Impuls durch die Blaupause eines Content Creators aus dem Team. Nach dem zweiten Dreh erhalten sie in einer Frage-Antwort-Runde von einem Content Creator wertvolles Feedback, um ihr Video danach noch mal zu verbessern. So haben sie verschiedene Zeitfenster, die sie für Anpassungen nutzen können, bevor das Ergebnis präsentiert wird. Nahezu alle unsere Projekte werden am Ende benotet und können eine Klassenarbeit ersetzen.

KA: *Ihr arbeitet mit bekannten Influencern zusammen wie beispielsweise Younes Zarou, Monumentalmo oder Onkel Banjou. Haben die Jugendlichen auch Kontakt zu ihnen?*

NM: Ja, nach der zweiten Überarbeitung treffen sie tatsächlich digital einen Content Creator, einen Profi, der Pate dieser Klasse ist und Tipps gibt. Die Jugendlichen treiben unglaublich viele Themen um. Wie wird man Influencer? Wie ist es mit der Kreativität? Verdient man damit Geld? Kann man davon leben? Tatsächlich ist es ja schon heute ein Job, den man eben lernen kann.

KA: *Was macht die Lehrkraft während der Einheit?*

NM: Also inhaltlich knüpfen wir am Schulalltag und den Schulinhalten der Lehrkräfte an und verbessern mit unserer Arbeit die digitalen Skills und Softskills der Schülerinnen und Schüler. Das Entscheidende ist, dass wir eine Methode entwickelt haben, mit der Schülerinnen und Schüler eigenverantwortlich in einem Klassenkontext arbeiten können und Selbstwirksamkeit erfahren. Die Lehrkraft wird zur Lernbegleiterin oder zum Lernbegleiter. Sie hilft nur dann, wenn jemand eine Frage hat, so dass die Schülerinnen und Schüler eigenständig eine Lösung finden können und individuell mit ihren Stärken arbeiten. So üben sie, kreativ und empathisch miteinander umzugehen und lernen gleichzeitig, am Ende für ein Produkt einzustehen, das sie gemeinsam entwickelt haben.

KA: *Wo bietet ihr das an?*

NM: Wir sind in dreizehn Bundesländern aktiv und dort für Schülerinnen und Schüler der Klassen 5 bis 13. Inzwischen sind wir deutlich über 50 Personen im Team, die ehrenamtlich mitarbeiten und ihre Expertise einbringen. Und wir wachsen stetig, aber mit Bedacht.

KA: *Erzähl mir doch mal ein Beispiel von einer Schule.*

NM: Die Don-Bosco-Schule in Rostock hat die DigitalSchoolStory in einem etwas anderen Rahmen umgesetzt, nämlich in einer Art Projektwoche. Es gab die Ausschreibung: Wie stellen sich die Schülerinnen und Schüler die Stadt Rostock 2030 vor? So entstand ein Nachhaltigkeitsprojekt. Zu den 17 Feldern der Nachhaltigkeit (SDGs) hatten sich einzelne Gruppen gebildet und sich ein Thema ausgesucht, das sie gerne vorantreiben wollten. Die Umsetzung erfolgte mit unserer Lernmethode, so dass am Ende pro Gruppe ein Video herauskam. Diese Videos wurden auch vor dem Oberbürgermeister Claus Ruhe Madsen präsentiert. Davon werden tatsächlich drei der Ideen von der Stadt weiterverfolgt und als Projekte weiter begleitet, um umgesetzt zu werden. Der Schulleiter Gert Mengel ist mutig, Start-ups mit guten Ideen an die Schule zu holen und auszuprobieren. Das sollte mehr Nachahmung finden. Die Chancen überwiegen, das ist sicher.

KA: *Das deckt ja dann auch die Zukunftskompetenzen ab ...*

NM: Ja, die 4K, also Kreativität, kritisches Denken, Kollaboration und Kommunikation, decken wir damit alle ab. Wenn man den Bildungsbericht 2030 von der OECD zugrunde legt, dann decken wir auch alle Kompetenzen ab, die darin aufgeführt sind, bis auf das Programmieren. Doch auch das werden wir zukünftig mittels Kooperationen einbinden können. Das Wichtige ist, dass wir anfangen, diese beliebte Konsumentenhaltung zu überwinden. Wir müssen aktivieren. Das muss nicht nur durch uns passieren, sondern wir müssen auch hier vernetzter denken.

KA: *Wie können Lehrkräfte von euch lernen?*

NM: Wir bieten Schulen neben den Projekten im Unterricht auch an, gemeinsam pädagogische Tage zu gestalten. Unser Ziel ist es nicht, alle zum Content Creator oder zu Influencern zu machen, doch zu Gestaltern, die mit der digitalen Kommunikation umgehen können. Ein interessanter Aspekt ist, dass Lehrkräfte meist gegen Social Media im Unterricht sind. Dabei sind sie im Schulalltag die Influencer, so dass diese beiden Größen ziemlich viel gemein haben. Darüber hinaus arbeiten wir daran, fester Bestandteil in der Aus- und Weiterbildung von Lehrkräften zu werden.

2.2.6 Frauen als Zielgruppe

Neben neuen Angeboten für Schulen und Lehrkräfte sind auch viele Angebote für das Distanzlernen entstanden. Dabei kann ich die Kontroverse über die Entwicklung von Education Technologies (EdTech) hier nicht erschöpfend abbilden. Hierzu hat sich unter anderem der Schweizer Medienpädagoge Philippe Wampfler auf seinem Blog unter „10 Missverständnisse in der EdTech-Pädagogik" geäußert[30]. Der wirtschaftliche Markt für EdTech und der Digitalisierungspakt vermitteln, dass hier Profit möglich ist. Dabei sind die neuen Stars der Szene nicht immer pädagogisch geprägt, und das schlägt sich teilweise in den Angeboten nieder, die manchmal einfachste pädagogische Grundsätze außer Acht lassen. Da werden Angebote produziert, die teilweise der Pädagogik des letzten Jahrhunderts entsprechen, wir erinnern uns an den verstärkenden Faktor der vorherrschenden pädagogischen Einstellung. Gleichzeitig möchte ich jedoch den vielen engagierten Menschen im EdTech-Bereich außerhalb von Schule nicht die Motivation absprechen, wirklich nachhaltig Schule und Unterricht besser zu machen. Ich bin überzeugt, dass das nur gemeinsam geht, mit den Lehrkräften, die die Arbeit vor Ort machen und Erfahrungen einbringen und mit Menschen mit Ideen, die Innovationskraft besitzen. Denn: Je diverser Teams von Entwicklerinnen und Entwicklern sind, umso größer die Chance auf Vielfalt und neue kreative Lösungen.

Dass jeder Mensch seine sogenannten Bias in Entscheidungen einfließen lässt, gehört mittlerweile zum pädagogischen Alltagswissen. Aus der Anti-Rassismus-Arbeit wissen wir, dass wir unsere Vorurteile mitnehmen, dass wir unsere Blase für den wahren Kontext halten und demgemäß unsere Umwelt wahrnehmen. Das bedeutet für die digitale Bildung, dass Frauen als Entwicklerinnen möglicherweise auch ihre Kundschaft, nämlich die Mehrheit der weiblichen Lehrkräfte, besser im Blick haben könnten. Dieser Frage gehe ich im Interview mit den Entwicklerinnen von Scobees nach, einer Lern-App für eigenverantwortliche Lernprozesse. Können Entwicklerinnen besser motivieren und mehr Lehrerinnen für digitale Bildung gewinnen?

---

30 P. Wampfler (2015): 10 Missverständnisse in der EdTech-Pädagogik. In: https://phwampfler.medium.com/10-missverst%C3%A4ndnisse-in-der-edtech-p%C3%A4dagogik-166c53c1ce2d (recherchiert am 18.7.2022)

2.2.7 Interview mit Annie Dörfle und Lena Spak: Frauen als Entwicklerinnen

Annie Dörfle und Lena Spak sind die Gründerinnen von Scobees, einem digitalen Tool (App) für eigenverantwortliches Lernen.

Lena Spak: Worum geht es denn in deinem neuen Buch?

Kati Ahl: *Meine Frage ist: Wie greifen Frauen auf Technik zu oder wie muss das Technik-Angebot sein, damit Frauen und speziell Lehrerinnen stärker zu Gestalterinnen der digitalen Bildung werden?*

Annie Dörfle: Das ist interessant! Wir arbeiten viel mit Grundschulen, und da sind ja fast 90 Prozent Lehrerinnen. Wenn es aber um Verträge geht, dann arbeiten wir fast immer mit Männern auf Schulleitungsebene. Uns hat das immer wieder gewundert. Aber dadurch ist uns auch aufgefallen, dass wir wahrscheinlich ein *female product* gebaut haben. Wir haben viel Wert auf Farben gelegt. Und darauf, dass das Layout nicht zu „tekkie" und auch ein bisschen hübsch ist. Das haben die Lehrerinnen als angenehm empfunden, weil sie ja auch Frauen sind.

KA: *Wie seid ihr auf die Idee mit Scobees gekommen? Wie kam das zustande?*

AD: Wir waren eigentlich zuerst mal mit einer Idee für unsere Kinder unterwegs. Lena ist Volljuristin. Ich hatte mit Kurzfilm-Festivals zu tun und diese Kurzfilme haben ja ganz tolle Inhalte. Dann dachten wir, diese Kurzfilme, mit denen müsste man eigentlich mal interaktive Lernmaterialien machen und das eigentlich am besten als App für unsere Kinder. Diese Überlegungen in der Konzeptionsphase haben Lehrkräfte mitbekommen. Sie sagten uns: *Moment, das ist ja schön, aber wir brauchen sowas eigentlich in der Schule; also andere Lern-Inputs und andere Impulse und Inspiration. Bereitet das doch für die Schule vor!* Wir haben dann zeitgleich zufällig einen Schulentwicklungsberater kennengelernt, der meinte, er arbeite in einem Schul-Netzwerk mit, welches reformpädagogisch orientiert sei. Das würde gut passen.

KA: Wie habt ihr angefangen?

AD: Wir haben uns erst einmal angeschaut, wie reformpädagogische Schulen arbeiten. Dort gibt es offene Lernformate, selbstorganisiertes Lernen, Differenzierung, die Lehrkräfte verstehen sich als Lernbegleiter. Diese Schulen brauchten ein digitales Lerntagebuch und das Schul-Netzwerk war auf der Suche nach einem digitalen Tool. Wir waren von Anfang an völlig begeistert und entschieden: Okay, unsere Kurzfilm-App, die schieben wir noch ein bisschen nach hinten, da helfen wir mit! Denn das war auch klar: was diese Schulen in analoger Form leisten, ist absoluter Wahnsinn. Die vielen Materialien vorzubereiten, auf verschiedenen Niveaus die Lernbegleitung zu machen, mit den Log-Büchern, das Lerncoaching, alles in analoger Form, das ist ja crazy. Wir kannten ja Trello und Asana aus der freien Wirtschaft. Solche Projektmanagement-Tools funktionieren, aber sie müssen für Schule angepasst werden.

LS: Dieses Engagement, das die Schulen, mit denen wir das zusammen entwickelt haben, an den Tag legen, ist nicht die Regel. Und wir finden aber durchaus, dass das eigentlich der einzige Weg für guten Unterricht ist, nur so können wirklich diese neuen Skills vermittelt werden. Nur so kann eine individuelle Begleitung erreicht werden. Und das war auch unser digitaler Ansatz: nicht nur den sechs Schulen zu helfen, für die wir Scobees entwickelt haben, sondern auch die Idee in die Breite zu bringen.

KA: *Wer entwickelt denn die Aufgaben? Du hast ja gesagt, dass sich die Aufgabenstellungen verändern müssen, Lena.*

AD: Das machen die Schulen selbst. Wir geben ihnen nur das Werkzeug an die Hand. Die Schulen müssen ja eine Transformation an der Schule durchleben und anstoßen. Und da geben wir Hilfestellungen. In der Folge müssen die Schulen ihr Material umarbeiten und auf Selbstlernmaterialien umstellen. Wir unterstützen, indem wir andere Schulen ansprechen, die bereits Material erarbeitet haben. Organisationen wie Planetarium, Gedenkstätten – auch deren Materialien können in Kurse eingebaut werden und anderen Schulen freigegeben werden. Letztlich geht man ganz weit weg vom Schulbuch.

KA: *Werden die Schulbücher dann irgendwann aussterben?*

AD: Ich glaube, dass Lehrkräfte sehr viel zu tun haben und deswegen natürlich immer aufs Schulbuch zurückgreifen werden, denn sie haben nicht die Zeit, komplett selbst Material vorzubereiten. Es gibt einfach einen Mangel an Alternativen, glaube ich.

KA: *Margret Rasfeld, eine der Mitgründerinnen der Initiative „Schule im Aufbruch", sagt: Wir brauchen Musterbrüche, sonst unterrichten Lehrkräfte so, wie sie es erlebt haben, wie sie es gewohnt sind. Um einen Wandel, eine Transformation anzustoßen, müssten Lehrkräfte erst mal anders sehen und anders denken lernen.*

AD: Das stimmt auch. Ich weiß auch gar nicht, ob jede Lehrkraft dazu in der Lage ist, weil sie dazu einfach nicht ausgebildet worden sind.

LS: Etwas Neues anfangen, das ist immer schwer. Die Impulse und die Inspiration müssen von außen mit vorgegeben werden, damit die Lehrer und Lehrerinnen die Möglichkeit haben, ihre Muster aufzubrechen. Wir arbeiten mit der „Schule im Aufbruch“ zusammen, um genau solche Ansatzpunkte zu schaffen. Denn man kann nicht einfach nur sagen: Ihr müsst euch verändern, macht mal. Dafür ist man im Schulalltag zu sehr auch überlastet.

KA: *Die meisten IT-Beauftragten an Schulen sind ja männlich, gerade in der Grundschule, obwohl gerade dort viele Kollegien fast durchweg weiblich sind. Dort gibt es vielleicht den einen oder anderen Mann neben dem Hausmeister – und der ist dann garantiert der IT-Beauftragte. Wie kommt das, dass die Frauen noch nicht so zugreifen?*

LS: Das ist grundsätzlich ein Thema von Frauen, dass Frauen sich häufig weniger zutrauen. Wir haben an Schulen auch super viele Frauen, die dann die Macherinnen sind und sagen: *Komm, wir machen das jetzt, wir ziehen das durch und setzen das um.* Aber vielleicht liegt das auch daran, weil wir eben auch Frauen sind.

KA: *Dann wirkt ihr auch als Rollenvorbilder.*

AD: Ja, wir haben auch insgesamt in unserem Team sehr viele Frauen.

LS: Ich glaube, dass tatsächlich andere Lehrerinnen und Schülerinnen ein anderes Zutrauen bekommen, weil wir halt auch Frauen sind. Und wir sind ja auch nicht so laut. Manche Faktoren sind einfach biologisch anders. Denn in einem Raum mit Männern sind die Stimmen so laut, dass man selber wirklich richtig laut werden muss, damit man auch gehört wird.

KA: *Wie waren denn eure Erfahrungen als Frauen-Start-up in der Digital-Branche, als ihr euer Produkt vorgestellt habt?*

AD: Also am Anfang waren wir bei der ersten Förderung mit dem digihub in Düsseldorf. Die fanden es richtig klasse, dass da endlich mal ein Frauenteam dabei ist. Aber letztes Jahr war ich wieder bei einer Startup Veranstaltung mit 14 Männern alleine. Im IT-Bereich sind es weniger als 10 Prozent Gründerinnen in Deutschland. Also wir sind die absolute Rarität – und dann auch noch Software. Das ist echt super schwierig, Invest zu bekommen. Die Investoren sind ja auch in den allermeisten Fällen Männer.

KA: *Ihr habt vorhin von einem eher weiblichen Layout gesprochen. Wie kann ich mir das vorstellen?*

LS: Viel Farbe, hübsche Icons, einfach viel Liebe im Design.

KA: *Und das spricht Frauen an …*

AD: Ja, genau, wir haben es aber auch von Männern gespiegelt bekommen, die meinten: Mir gefällt es richtig gut. Einem Schulleiter ist das besonders aufgefallen, der hat sich gefragt: Warum sieht es so anders aus? Dann hat er gefragt, ob die Software von Frauen stammt, das war ungewöhnlich für ihn. Aber wir sind nunmal jeden Tag sehr nahe an Softwareentwicklung dran. Man muss allerdings extrem technikaffin sein, wenn man Code entwickelt. Aber wenn du ein bisschen freier und kreativ denkst und in die Produktentwicklung gehst oder ins Projektmanagement Scrum, da entwickeln sich ja gerade total spannende Berufsbilder, die sich in den nächsten 10, 20 Jahren mit diesem agilen Arbeiten noch stark weiterentwickeln werden. Und diese Berufsbilder sind, glaube ich, in Schule noch gar kein Thema, weil die Lehrerinnen und Lehrer natürlich in einem ganz anderen Kosmos arbeiten.

Die Frage, wie ein Layout aussieht, welches Frauen eher anspricht, finde ich gar nicht einfach zu beantworten, ohne wieder Stereotype zu bedienen. Allerdings gibt es sehr unterschiedliche Layouts, wenn man beispielsweise Lernplattformen wie Mebis oder Moodle betrachtet. Meistens sind sie sehr formal und funktional gestaltet und häufig auch nicht intuitiv angelegt. Und dass für Lehrkräfte mit geringen Vorkenntnissen eine gute Struktur, ein einfaches Handling und ein freundliches Layout eine einladendere Wirkung erzeugen als ein rein funktionales Layout, leuchtet sofort ein.

Katarina Blind war noch Schülerin, als sie während ihres Abiturs die bayerische Lernplattform Mebis neugestaltet hat. Sie sagt: „Die Priorität meiner Arbeit liegt auf ‚leicht nutzbar‘. Es ist mir wichtig, dass es schön aussieht – aber das Wichtigste dabei ist, dass man es gut nutzen kann.“ Ihre Generation sei schließlich eine, die täglich Apps wie TikTok nutzten; und wenn die schon Mebis nicht verstünden, dann sei da etwas falsch. Frauen wollen also ein Handling, das im Layout nicht nur technisiert und funktional wirkt. Und das nützt letztlich allen Lehrkräften.

2.3 Die technische Perspektive und Gender

Zurück zum Dagstuhl-Modell: Während Frauen in Schulen statistisch gesehen die gesellschaftliche Perspektive hervorheben und mitgestalten wollen und nun spätestens seit den Lockdown-Zeiten in der Perspektive der Anwendung viel dazu gelernt haben, ist es häufig noch immer die technische Perspektive, der sie sich nur zögernd nähern. Männer haben hier häufig mehr Vorerfahrungen, ihnen wird schon als junger Mensch mehr technisches Wissen zugetraut, so dass sie mit einem Erfahrungsvorsprung starten. Das bestätigen mir viele der interviewten Kollegen und Kolleginnen. Eines lässt sich darauf auf den ersten Blick ableiten: Wollen wir mehr Frauen im Tech-Bereich, in den Studiengängen und unter den digital versierten Lehrerinnen sehen, brauchen wir niedrigschwellige Einstiegsangebote. Dann geht es z. B. darum, Informatik-Studiengänge anzubieten, die keine besonderen Kenntnisse voraussetzen, Fortbildungen, die die Kundinnen dort abholen, wo sie gerade stehen. Hier habe ich einen Selbstversuch unternommen, um die technischen Aspekte besser zu verstehen. Denn, wie Dettling im Interview formuliert hat, für die digitale Mündigkeit gilt: Ich kann nur mitgestalten, was ich kenne; und ich kann nur Mündigkeit erlangen, wenn ich mich aus der „selbstverschuldeten Unmündigkeit befreie." Kants Begriff der Aufklärung als Ausgang aus seiner selbst verschuldeten Unmündigkeit gilt somit auch für digitale Bildung.

Ich belegte also mehrere Kurse zur informatorischen Grundbildung und einen Kurs für Anfängerinnen zum Programmieren. Dabei wollte ich gleichzeitig meinen Lernprozess beobachten.

2.3.1 Selbstversuch Coding

Meine Erfahrungen im Programmieren beschränken sich auf wenige Kontakte mit der Programmiersprache BASIC, als es noch den C-64 gab. Neuere pädagogische Grundlagen wie der OECD Lernkompass 2030[31] fordern allerdings, dass neben den bekannten Kompetenzen für die erfolgreiche Teilhabe und Gestaltung der Zukunft auch *data* und *digital literacy* wichtig sind. Gemeint ist der Erwerb von Kompetenzen, die dies

31 OECD Lernkompass 2030. In: https://www.oecd.org/education/2030-project/contact/OECD_Lernkompass_2030.pdf (recherchiert am 18.7.2022)

ermöglichen – wie z. B. kritisch-analytische – und der verantwortungsvolle Umgang mit Daten und deren Interpretationen.

Computational thinking, eine weitere Kompetenz, ist dagegen wesentlich konkreter zu übersetzen mit „Denken wie ein Computerspezialist“. Dazu zählen informatorisches Grundwissen und einzelne Kompetenzen, z. B. Probleme in kleine Schritte zu zerlegen, wiederkehrende Muster und Strukturen erkennen und anwenden zu können und Algorithmen erstellen zu können. Außerdem sind Grundkenntnisse der Funktionsweise eines Rechners und von Computernetzwerken gemeint (vgl. Knackstedt et. al. 2022: Kompetenzmodelle für den Digitalen Wandel). Das will ich lernen!

Ich beschließe also, zunächst in mehreren Kursen die Grundlagen zu erlernen. Dann erprobe ich einfache Befehle in einer Umgebung über *replit,* also einem cloudbasierten Tool zum Erproben beim Programmieren. Es ist sowohl mit Python, Javascript oder anderen Programmiersprachen nutzbar. Das Tool sieht anders aus als in der Ansicht im Onlinekurs – und schon bin ich unsicher. Schreibe ich in die richtige Zeile? Kann ich etwas kaputt machen? Wieso muss ich mich anmelden, wenn das im Kurs so nicht erklärt war? Was passiert mit meinen Daten? Ich beschließe, dass ich gerade andere wichtige Dinge zu tun habe und schiebe den Kurs auf. Ich schreibe Tage später den Support an, die Betreuerin beruhigt mich und bestätigt, dass man sich neuerdings auf *replit* anmelden muss. Ich schließe den Kurs doch noch ab.

Diese Erfahrung erinnert mich aber an ein Erlebnis in meiner Jugend. Ich musste eine Strafarbeit schreiben, etwa 5000mal den gleichen Satz. „Ich soll nicht stören“. Wenn ich herausfinden würde, wie man das programmiert, wäre es aber auch erlaubt, die Strafarbeit auszudrucken. Ich las das Handbuch, fand die richtige Stelle, programmierte – aber es lief nicht. Ich las die Stelle im Buch immer wieder und fand den Fehler nicht. Ich hatte kein Hintergrundwissen und keine Unterstützung, so dass ich den Fehler nicht lokalisieren konnte. Das Buch war nicht auf Anfängerinnen ausgelegt und sprachlich nicht besonders eingängig formuliert. Mehrmals las ich mir einzelne Textpassagen laut vor. Für mich war klar, dass ich ohne Hilfe nicht weiterkommen würde. Ich schrieb die Strafarbeit letztlich mit der Hand. Programmieren schien kompliziert. Dieses Gefühl von Überforderung und die Frustration des „Geht/Geht-Nicht“ sind mir lebhaft im Gedächtnis geblieben.

Also belege ich dieses Mal (knapp 40 Jahre später) einen Kurs im Programmieren für Anfängerinnen, explizit für Frauen und Mädchen. Es geht um ein Spiel, das mittels einfacher Programmierblöcke programmiert werden soll. Den Kurs leiten ein Mann und eine Frau. Ich bin gespannt! Schnell lerne ich, dass es beim Programmieren auf jedes einzelne Zeichen ankommt: Jede Klammer, die sich öffnet, muss wieder geschlossen werden. Wir arbeiten in Teams und probieren aus, wir haben richtig Spaß und bauen viele Elemente ein, die wir noch gar nicht programmieren sollten. So kommt zum „Spiel der Bohne" ein Geist, eine Münze und wir bauen eine unterschiedliche Spielhöhe für die erforderlichen Grasballen als Spielfläche ein. Dann hängt es plötzlich und die Fehlermeldung bei *replit* hilft uns auch nicht weiter.

Die Mentorin kommt zu uns in den Breakoutroom und will uns helfen. Ungefragt löscht sie alle bisher geschriebenen Elemente, die nicht der Aufgabenstellung entsprechen. Sie erklärt nicht, was sie tut. Voller Schrecken sehen wir, wie sie etwa zwei Stunden Arbeit und unsere ersten Schritte im Programmieren löscht. Dann schreibt sie den Code neu. Sie hat ein Skript und kopiert die einzelnen Schritte, damit wir schnell zum richtigen Ergebnis kommen und das Programm wieder läuft.

Dass es läuft, scheint das Wichtigste zu sein, dabei können wir damit weder einen Preis gewinnen noch Geld verdienen. Denn das Spiel gibt es ja schon und es handelt sich lediglich um eine Lernumgebung. Unsere Motivation sinkt merklich, obwohl das Programm jetzt läuft, und ich merke an, dass wir doch mehr Spaß haben, wenn sie uns selbst arbeiten lässt. Mit einem „Dann Bitteschön" verlässt sie etwas ratlos den Raum. Ganz anders ihr Kollege beim nächsten Bug (Fehler): „Schaut mal, ob ihr den Fehler findet", motiviert er uns. Schrittweise leitet er uns an, den geschriebenen Code zu überprüfen. Wir finden den Fehler schließlich und sind stolz, dass die Bohne wieder laufen kann, wären allerdings ohne seine Tipps nicht darauf gekommen. Ich lerne Folgendes:

- Expertinnen und Experten sind teilweise zu nah an der Sache, an der Technik und vernachlässigen dann die Regeln der Kommunikation. Das „nerdige" Verhalten wirkt auf weniger technikaffine Menschen abschreckend.
- Beim Programmieren macht man ständig Fehler und muss überarbeiten. Es gibt immer nur die zwei Optionen: Es läuft. Oder es läuft nicht. Das kann sehr viel Arbeit machen.

- Ich bin beeindruckt, wieviel Aufwand schon in diesem kleinen Spiel mit einer Bohne, die sich bewegt, steckt. Wie viele Prozesse müssen also wohl in meinem Computer stecken ...?
- Manche Fehler findet man nicht ohne Hilfe. Man braucht also eine Mentorin oder einen Mentor.
- Es ist besser, gemeinsam zu programmieren. Man findet Fehler schneller und es macht Spaß.
- Um Fehler zu finden, braucht man Erfahrung, da der Computer keine Hinweise gibt oder die Hinweise (in *replit*) in die falsche Richtung führen können.
- Als Anfängerin ohne Vorwissen festzustecken, verursacht Unwohlsein und Stress und kann die Einschätzung verfestigen, es einfach nicht zu können.
- Sowohl Erfolgs- als auch Misserfolgserlebnisse liegen nah beieinander. Trainerinnen und Trainer müssen also gute Pädagoginnen und Pädagogen sein, um Anfängerinnen in sehr kleinen Schritten anzuleiten und Erfolge zu ermöglichen.

Grundsätzlich mag ich die Genauigkeit, die das Coding erfordert, auch die Zusammenarbeit im Team dazu stelle ich mir motivierend vor. Aber wie überwinde ich dieses Gefühl, festzustecken? Wen würde ich fragen, wenn ich etwas programmieren würde? Wäre es vorstellbar, eine erste kleine simple App zu programmieren? Ich gebe nicht auf!

Übrigens: Fehler heißen deswegen Bugs, weil eine Motte in ein Relais, eine der ersten riesigen Rechenmaschinen, flog, und einen Fehler erzeugte. Die Technikerinnen klebten sie in das Logbuch der Maschine und nannten auftretende Fehler von da an Bugs. So heißen sie bis heute. Die ersten Universalrechner programmierten damals Frauen, sie wurden Computer genannt.[32]

32 Als Computer weiblich waren (17.10.2015). In: https://sz-magazin.sueddeutsche.de/technik/frauen-programmieren-computer-81770 (recherchiert am 16.7.2022)

2.3.2 Interview mit Diana Knodel: Sprich so einfach wie möglich!

Zum Zusammenhang von Informatik und Psychologie spreche ich mit der Gründerin Diana Knodel, Tech-Expertin und Gründerin von App Camps und der Plattform fobizz, die Online-Fortbildungen für Lehrkräfte anbietet. Zudem hat Diana Knodel zwei Kinderbücher zum Thema Programmieren geschrieben.

Kati Ahl: *Sie haben Informatik mit dem Schwerpunkt Psychologie studiert. Wie passt das zusammen?*

Diana Knodel: Ganz wunderbar, wie ich finde. Als ich mich fürs Studium entschieden hatte, habe ich mich schon für Bildung interessiert und überlegt, ob ich Lehramt studiere. Ich war aber auch sehr von den Kommunikationsmöglichkeiten des Internets fasziniert, wie man sich vernetzen kann, und ich mochte Mathe immer sehr gerne. Für mich ist Informatik oder Programmieren ein Handwerk, um nahezu in allen Bereichen Dinge umzusetzen. Deswegen finde ich diese Schnittstellen ganz wichtig.

KA: *Welche Erfahrungen haben Sie im Informatikstudium gemacht?*

DK: Ich habe Medieninformatik studiert, was im Vergleich zur reinen Informatik immerhin einen Anteil an Frauen von 30 Prozent hatte im Vergleich zu 10 Prozent beim reinen Informatikstudium, wobei die Inhalte gar nicht so unterschiedlich waren. Man hatte vielleicht ein bisschen mehr Gestaltung, aber es war ein ganz normales Informatikstudium. Ich bin mit sehr wenigen Vorkenntnissen reingegangen und habe erst während des Informatikstudiums gemerkt, wie gut es ist, wenn man programmieren kann, weil man da mit wenig Aufwand digitale Produkte realisieren kann. Es war schade, dass es nur wenige andere Frauen gab. Ich hatte aber Glück, dass ich relativ schnell ganz tolle Freundinnen gefunden hatte, mit denen ich lernen konnte. Das war für mich tatsächlich wichtig.

KA: *Sie haben mittlerweile auch zwei Bildungsplattformen gegründet.*

DK: Ja, ich war motiviert, etwas für den Nachwuchs zu tun. Nach dem Studium habe ich als wissenschaftliche Mitarbeiterin für Mädchen im MINT-Bereich ein E-Mail Mentoring-Programm mitaufgebaut. Die Mädchen wurden dann eben mit Expertinnen aus Mathematik, Informatik, Naturwissenschaft und Technik vernetzt, konnten sich austauschen und haben in deren Berufe und deren Werdegänge Einblicke bekommen. Später habe ich App Camps und fobizz gegründet.

KA: *Was brauchen denn aus Ihrer Sicht Pädagoginnen, um mehr digitale Offenheit und Selbstvertrauen in Ihre digitalen Kompetenzen zu entwickeln?*

DK: Dazu braucht es wirklich niedrigschwellige Angebote und die Möglichkeit, das Ganze in einem sicheren Raum auszuprobieren, in dem man keine Angst zu haben braucht. Es geht darum, Technik und Programmieren spielerisch zu erleben. Es gibt viele tolle Möglichkeiten, um einen sehr einfachen, sanften, bunten Einstieg zu ermöglichen.

KA: *Welche zum Beispiel?*

DK: Zum Beispiel mit Programmiersprachen wie Scratch, bei der man ganz einfach mit Blöcken programmiert, aber trotzdem die wichtigen Grundlagen lernt. Diese spielerischen Möglichkeiten sollte man aufzeigen. Ein ganz konkretes Beispiel: Bei fobizz, unserer Weiterbildungsplattform, bieten wir die sogenannte Zusatzqualifikation Medienbildung und die Zusatzqualifikation Informatik, Grundbildung, an. Wir laden Lehrkräfte ein, sich daran zu beteiligen. Es gibt ein Kennenlern-Webinar, in dem wir die Inhalte vorstellen – und dann lernen die Teilnehmenden selbstständig. Wir haben einen Katalog aus zehn Fortbildungen, aus dem sich die Teilnehmenden drei bis vier Themen aussuchen können. Dann lernen sie im eigenen Tempo zu Hause für sich, haben aber jederzeit die Möglichkeit, Rückfragen zu stellen und sich auszutauschen. Da machen sehr viele Frauen mit. Von ihnen erhalten wir oft das Feedback, dass es für sie super war, dass sie die Videos und Inhalte immer wieder anschauen konnten. So konnten sie im eigenen Tempo lernen, und das auch noch zu Hause. Das ist tatsächlich ein Punkt, der vor allem Müttern die Weiterbildung erleichtert, die ja häufig noch zusätzlich zu ihrem Job die Kinder betreuen.

KA: *Also muss das Angebot in den Alltag von Frauen passen?*

DK: Die Rahmenbedingungen und die Inhalte sollten so aufbereitet sein, dass auch Lehrerinnen ohne Vorkenntnisse die Inhalte leicht zugänglich haben und gut verstehen können. Von den Teilnehmerinnen wurde aber auch positiv angemerkt, dass diese ganzen Informatik-Fortbildungen alle von Frauen entwickelt sind. Wenn eine andere Frau erklärt, dann können sich die Lehrerinnen häufig besser mit der Weiterbildung identifizieren.

KA: *Können Frauen denn digitale Inhalte besser erklären? Es ist schwierig, sich über dieses Thema zu unterhalten, ohne selbst Stereotype zu wiederholen und weiter zu verfestigen. Aber ich höre manchmal von Frauen, dass es ihnen unangenehm ist, sich Technik von einem Mann erklären zu lassen.*

DK: Viele Personen gerade im universitären Bereich denken, sie müssten eine komplizierte Sprache verwenden, um ihr Expertenwissen zur Schau zu stellen. Sie wollen sich gegenüber jenen abgrenzen, die nicht so viel wissen. Deshalb achten wir sehr drauf, dass wir Inhalte so einfach wie möglich erklären und Fachbegriffe weglassen oder sie erklären. Ich muss mich auf die Zielgruppe einstellen. Sonst erzeugt man eine Hemmschwelle.

KA: *Gibt es denn bei fobizz Überlegungen, wie man noch mehr weibliche Lehrkräfte anspricht?*

DK: Wir haben mittlerweile über 200.000 Nutzerinnen und Nutzer und auch mehr Frauen als Männer. Es wurde verstanden, dass fobizz eine gute und effiziente Möglichkeit ist, sich fortzubilden. Was Nutzer und Nutzerinnen angeht, haben wir eine Verteilung, wie wir sie sonst in der Bildung auch sehen, eben mehr Frauen als Männer. Interessant ist aber, dass mehr Männer Fortbildungen anbieten. Wir sehen das an unserem Angebot, dass Lehrkräfte Fortbildungen für andere erstellen können – und da melden sich mehr Männer als Frauen.

KA: *Nehmen Sie auch Widerstände wahr?*

DK: Das ist ein kultureller Wandel, der stattfinden muss. Da gibt es immer Widerstände. Das Denken muss sich dahingehend verändern, dass Technik nie Selbstzweck ist, sondern es ist ein Tool oder eine Methode, die man anwendet. Es ist ein großes Thema, Lehrkräften Ängste zu nehmen und ihnen zu zeigen, wie sie es schaffen, digitale Tools als Mehrwert in den Unterricht zu integrieren. Ich stelle mir das für die Lehrkräfte auch nicht immer einfach vor, neue Themen einzubringen, teilweise gegen Widerstände von Eltern und vielleicht vom Kollegium. Wenn man zu sehr vorprescht, entfernt man sich vielleicht von den anderen.

KA: *Sie sind Mutter von zwei Söhnen und haben auch privat Einblicke in den Schulbetrieb. Welche Rolle sehen Sie z. B. für Schulleitungen?*

DK: Schulleitungen sind sehr wichtig, um das Kollegium zu motivieren, zu unterstützen und dem Kollegium gegenüber Offenheit dafür zu zeigen, dass sie sich ausprobieren dürfen. Ein Beispiel: Ich war einmal zu einem Fortbildungstag in einer Schule eingeladen, da hat der Rektor etwas gemacht, was ich entsetzlich fand. Er hat bei der Begrüßung gesagt, dass die beiden Kolleginnen X und Y den Tag zum Thema Digitalisierung organisiert hätten. Er selbst müsse sich mit solchen Themen ja zum Glück nicht mehr herumschlagen, weil er in einem Jahr pensioniert werden würde. Das fand ich so demotivierend. Zum Glück gibt es auch eine neue Generation von Schulleitungen, die anders tickt.

KA: *Ich war ja früher ebenfalls Schulleiterin und frage mich zunehmend, ob es als Schulleitung ausreicht, Offenheit zu signalisieren und zu unterstützen oder ob es auch Setzungen geben müsste, z. B. einfache digitale Mindestvorgaben mit dem Hinweis, dass wir uns alle bewegen müssen, aber jeder über das eigene Tempo entscheiden kann.*

DK: Sanfter Druck ist sicherlich gut. Und es ist bestimmt hilfreich, wenn eine Schulleitung weiß, was ihr Ziel und ihre Vision von einer digital zeitgemäß aufgestellten Schule ist. Das Prinzip dahinter lässt sich mit einer Firma vergleichen. Auch dort ist es wichtig, dass die gemeinsame Mission ganz klar und ein Stück weit auch vorgegeben ist: Wir machen uns gemeinsam auf die Reise – und es ist ein Lernprozess.

2.3.3 Nerds: Sprache und Verhalten

Wenn ich als Kind meinem Vater „Gute Nacht“ sagen wollte, konnte es geschehen, dass er zu dieser Zeit noch am Computer saß und arbeitete. Gerne wollte er mir zeigen, was er als Ertrag seines Tagewerks ansah. Unser Dialog klang in etwa so: „Warte, ich zeige dir schnell... Was macht er jetzt? Wieso ... Wo hat er das denn hin... Ganz kurz... Gleich habe ich es...“ – „Gleich“ war in diesem Fall eine Zeitspanne, die schon mal 30 Minuten übersteigen konnte. Manchmal folgten lange Erklärungsketten, die ich nur zum Teil verstand. Ich lernte daraus: Der PC war ein „Er“.

„Er“ konnte meinen Vater in ein anderes Raum-Zeit-Kontinuum versetzen und war scheinbar unberechenbar. Und es gab offensichtlich ständig Fehler beim Programmieren und lief selten wie geplant. Ich fand das unterhaltsam, konnte aber die Begeisterung kaum nachvollziehen, zumal „Er“ doch scheinbar oft machte, was er wollte. Wie konnte meinen Vater als „Tekkie“ etwas so fesseln und für Stunden in eine Arbeitstrance versetzen, was am Ende selten lief wie geplant und scheinbar ja auch schwer zu erklären war?

Kennen Sie ähnliche Dialoge mit Technikexperten und -expertinnen, die erklären wollen, was sie gerade tun? Heute kenne ich ähnlich abgehackte Sätze von mir, wenn ich etwa während eines Vortrags ein neues Präsentationstool nutze, das nicht so funktioniert, wie ich es will; oder wenn der Videoclip langsam lädt und etwa 100 Personen warten müssen, die ich je nach Videokonferenztool gerade gar nicht sehen kann. Die digitale Welt ist eine Anderswelt, die weniger leicht in Worte zu fassen ist, weil sie neue Denkpfade, Fremdsprachen, Arbeitsweisen und neue Situationen umfasst, die wiederum neue Erklärungen und damit auch neue Begriffe erfordert, also mehr Sprache.

Als ich zu diesem Buch recherchierte, wies mich Beat Döbeli Honegger, der Leiter des Instituts für Medien und Schule an der Hochschule Schwyz, darauf hin, dass die dortige Arbeitsgruppe „Genderbewusste Informatik“ Empfehlungen gibt. Eine lautet, man möge „Nerdiges vermeiden“, wenn man mehr Frauen für Informatik gewinnen wolle. Anfängerinnen bräuchten eine niedrigschwellige Sprache, die nicht zusätzliche Distanz aufbaut.

Aber es braucht noch mehr: Handlungsbegleitendes Sprechen[33] kennen Pädagoginnen und Pädagogen aus der Sprachförderung, wenn sie Kindern Sprache vermitteln möchte, entweder in KiTas oder in der Sprachförderung im Bereich der Inklusion. Man erlebt das im Spiel bei Kindern häufig in Rollenspielen, z. B. „Mein Dino würde jetzt wegfliegen" oder „Ich nehme die roten Steine und du machst…". Diese Form des Sprechens, bei der die handelnde Person Absichten erklärt, schrittweise einzelne Handlungsschritte benennt und auch kommentiert, bewirkt noch viel mehr als nur auf die Handlung bezogene Erklärungen. Sie stellt Kontakt zwischen den Anwesenden her und machen die Person für das Gegenüber in ihren Absichten und Handlungen vorhersehbar. So entsteht soziale Nähe. Für Kinder ist das eine wichtige Voraussetzung, um mit anderen in gute Spielsituationen zu finden. Wer sein Spiel nicht benennt, muss öfter alleine spielen (Vgl. Marte Meo Spielfähigkeiten). Kinder können zwar nicht benennen, was sie daran stört, aber wenig sprechende Kinder sind unbeliebtere Spielpartner, denn auch Freude, Kooperation und das Entwickeln von (Spiel-)Ideen setzt das Teilen durch Kommunikation voraus. Sie haben also gemeinsam mehr Spaß durch das Sprechen. Das lässt sich auf Lernsituationen von Erwachsenen übertragen.

Indem eine Technikexpertin oder ein Technikexperte schrittweise vorgeht, in einfachen Worten die einzelnen Schritte benennt und auch mal kommentiert, wenn etwas nicht gleich funktioniert, schafft er oder sie eine Verbindung zum Gegenüber. Das senkt den Stresslevel für die lernenden Personen und macht das Vorgehen sichtbarer und daher verständlicher. Das gegenteilige Verhalten, also einzelne Satzfetzen, die nicht an das Gegenüber gerichtet sind oder stummes Arbeiten, können eher Befremden auslösen oder einfach keine Verbindung entstehen lassen.

Besonders häufig beobachte ich das zu Beginn von Videokonferenzen. In meinen Webinaren vergleiche ich das Ankommen deshalb anhand eines Fotos unseres Häuschens. Wer digital nicht mitkommt, steht quasi noch vor dem Gartentor, ist noch gar nicht dabei. Erst wer den Eingang gefunden hat, kann begrüßen, sich kurz vorstellen und befindet sich bildlich gesprochen vor dem Hauseingang. Und wenn auch diese Verbindung

33 M. Spreer: Versprachlichen und handlungsbegleitendes Sprechen in Unterricht und Therapie – theoretische Grundlagen. In: Praxis Sprache 1/2014 (S. 38). In: https://www.praxis-sprache.eu/fileadmin/user_upload/Dateien/Praxis_Sprache_Hefte/2014/Heft_1/Abstract_Heft_1-2014_38.pdf (recherchiert am 18.7.2022)

aufgebaut ist, die Haustür aufgegangen ist, können wir gemeinsam unterschiedliche Räume betreten und mit der inhaltlichen Arbeit beginnen. Daher ist die erste Aufgabe der Moderation, die digitale Teilnahme als Teilhabe am Geschehen sicherzustellen. Sonst entsteht digitaler Stress, der noch einmal höher ist, als wenn man bei einer Präsenzveranstaltung nicht den richtigen Raum findet, weil wir, um im Bild zu bleiben, noch nicht mal wissen, ob wir uns auf dem richtigen Gelände in der richtigen Stadt befinden.

2.3.4 Hilfreiches Verhalten im IT-Support

In Frankfurt gab es vor Jahren die Vereinbarung, dass Studierende von Lehrkräften als IT-Service an die Schule gerufen werden konnten. Das lief hervorragend, leider wurde das Konzept ersetzt. Die Lehrkräfte freuten sich häufig, wenn die Studierenden kamen, weil sie einen so entspannten Zugang zu Technik-Problemen hatten und eher unaufgeregt auftraten, was viele Anfragen vereinfachte. Statusunterschiede durch Konkurrenz oder eine Zurschaustellung der Kompetenz waren kein Thema, im Gegenteil. Der Generationenunterschied bewirkte einen sehr umgänglichen und unprätentiösen Umgang. Nicht alle nachfolgenden Lösungen der Stadt verliefen ähnlich unkompliziert. Wie Diana Knodel im Interview (ab S. 59) schon beschrieben hat, hilft es deutlich weiter, wenn die handelnden Personen ihre Zielgruppe vor Augen haben.

Dazu eine Bemerkung am Rande: Der Begriff des mansplaining als Kombination von man und explaining wurde 2014 in das Oxford English Dictionary aufgenommen. Es bezeichnet den Vorgang, wenn ein Mann einer Frau Dinge erklärt, die diese selbst und vielleicht besser weiß. Das Wort impliziert Besserwisserei und ein übersteigertes Selbstbewusstsein.[34] Bei Themen der digitalen Weiterbildungen formulieren manche Frauen mir gegenüber, dass es ihnen unangenehm ist, einen Mann zu fragen. Die Art, wie der Kollege erkläre, sei eher herablassend. Er betone zu sehr den Unterschied zwischen seiner Kompetenz und der der Fragenden. Die Fragesituation sei dadurch für sie mit Stress verbunden.

34 Erklär mir mein Leben (6.5.2022). In: https://www.zeit.de/kultur/2016-05/mansplaining-gender-sexismus-gleichberechtigung-linguistik (recherchiert am 18.7.2022)

2.3.5 Frauen fragen: Was hilft wirklich?

Allerdings wird die Gender-Dimension nach meinen Erfahrungen durchaus unterschiedlich wahrgenommen. Es gibt auch Kollegien, die grundsätzlich und zu allen Themen eine wertschätzende Kommunikationskultur pflegen.

Wenn Sie herausfinden möchten, wie es um die Unterstützungskultur bei Fragen zu digitalen Tools steht, können folgende Fragen an Kolleginnen hilfreiche Impulse liefern:

- Haben Sie in letzter Zeit jemanden um digitale Hilfe, Support oder eine Einführung gebeten?
- Wurde das Problem gelöst?
- Wie gut haben Sie sich unterstützt gefühlt?
- Wen würden Sie gerne zuerst bei einer Frage kontaktieren?
- Was genau hat Ihnen in letzter Zeit am besten geholfen? (Vorgehen, Material, Angebot, ...)
- Gibt es in unserer Institution/Einrichtung/Schule Hemmschwellen oder Hürden, die es Ihnen oder anderen erschweren, nach Hilfe oder einer Einführung zu fragen? Wenn ja, welche?
- Wären Sie selbst bereit, Ansprechpartnerin oder Ansprechpartner für ein Tool/ eine Mikrofortbildung/ ein Thema zu sein?
- Wie digital kompetent schätzen Sie sich selbst ein in Bezug auf ...?
- Kommen bei uns zum Thema Digitalisierung alle gleichermaßen zu Wort?
- Wer besetzt die Leitung, wer die Medienfachberatung?
- Holen sich diese Personen Feedback zu ihrer Beratung ein?

Hilfreiches Verhalten unterscheidet sich zudem in ihrer jeweiligen Wirkung: Zu kompensieren bedeutet, das Problem für andere zu lösen, während eine stärker aktivierende Hilfestellung nach Montessoris Satz „Hilf mir es selbst zu tun", funktioniert. Das ist für Hilfegebende langfristig eine Entlastung, da die Anfragen abnehmen, sobald Zutrauen und Kompetenz der lernenden Kolleginnen und Kollegen steigen. Eine aktivierende Hilfestellung ermutigt die Fragenden, Verantwortung zu übernehmen und Probleme so gut es geht selbst zu lösen. Die Ablösung von alten Rollenbildern und erlernten Mustern kann dabei für beide Seiten ungewohnt oder unbequem sein.

Zumindest im Umgang mit Technik haben Frauen aufgeholt, auch wenn der Grad der Digitalisierung noch große genderspezifische Unterschiede aufweist: „Schatz, kannst du mal?“ sei lange vorbei, so schrieb die ZEIT schon vor Jahren (26.11.2009). Nach einer britischen Umfrage gehen 48% der Frauen gerne mit Technik um, rund 47% sind es unter den Männern.[35] Das mag für Haushaltsgeräte und Geräte des Alltagslebens zutreffen, aber für den Kern – die technische Perspektive und das Innenleben der Geräte als Blackbox – gibt es immer noch viel mehr männliche Experten. Das ist kaum verwunderlich und liegt vor allem an der Berufswahl und den Berufsvorstellungen von jungen Menschen.

Hier sind die Ergebnisse der ICILS Studie 2018[36] im Hinblick auf die Ergebnisse von Mädchen und Jungen erhellend:

- Mädchen der achten Klassen Deutschlands schneiden durchschnittlich in den mittleren computer- und informationsbezogenen Kompetenzen besser ab als Jungen (526 zu 511 Leistungspunkte).
- Hinsichtlich fortschrittlicher Fähigkeiten unterschätzen sie ihre Kompetenzen, während Jungen ihre eher überschätzen.
- Ungeachtet dessen zeigen Jungen signifikant eine höhere Zustimmung in der Einschätzung der gesellschaftlichen Relevanz von digitalen Medien und dem Fortschrittsglauben und
- ebenso in der digitalisierungsbezogenen Berufswahlneigung (vgl. S. 20f).

2.3.6 Spielerisch gendern? Ein Gedankenexperiment

Ich möchte Sie zu einem gedanklichen Experiment einladen: Wie wäre es, wenn wir ganz ohne Kampf, mit etwas Humor und spielerisch über das Gendern sprechen könnten? Es gäbe viele Argumente und Positionen, aber der humorvolle Weg wäre weit verbreitet. So ähnlich hat das der Spielzeughersteller Mattel gemacht: Für Scrabble gibt es jetzt einen neuen Baustein, es ist die kleine Wortendung „*in“, die in Abb. 5 veranschau-

35 Frauen können besser mit Technik umgehen (26.11.2009). In: https://www.zeit.de/digital/mobil/2009-11/technik-frauen-gadgets (recherchiert am 18.7.2022)

36 ICILS Studie 2018. In: https://kw.uni-paderborn.de/fileadmin/fakultaet/Institute/erziehungswissenschaft/Schulpaedagogik/ICILS_2018__Deutschland_Berichtsband.pdf (recherchiert am 18.7.2022)

licht ist. Man kann dadurch Bezeichnungen als weiblich anpassen – und es gibt mehr Punkte, wenn man den Spielstein „*in“ verwendet.

Abb. 5: Für das Spiel Scrabble gibt es jetzt einen neuen Baustein, es ist die kleine Wortendung *in (Quelle: © Mattel GmbH)

Warum ist das wichtig? Gendern in Wort und Bild ist wichtig für das Gehirn, weil es unsere Vorstellung prägt. Das gilt besonders für die Sprache in KiTa und Schule: Wenn wir in KiTa und Grundschule hauptsächlich männliche Berufsbezeichnungen verwenden, prägt das die Vorstellung von Kindern, wer welche Berufe typischerweise ergreift und welche Berufe sie sich für sich selbst vorstellen können. Wir können also entscheiden, ob wir so sprechen, wie es die jetzige Realität noch abbildet (der Polizist, Frauenanteil derzeit bei 29%, die Lehrerin, Frauenanteil bei 73%) oder ob wir sozusagen „zukunftsorientiert formulieren“, also in einer Art und Weise, dass Kinder sich freier entscheiden können. Dies gilt aber auch für die Bilder, die wir selbst in unseren Köpfen haben. An wen denken Sie zuerst bei Begriffen wie dem Chef, dem Programmierer, dem Techniker? Auch hier hilft es, wenn wir unsere Bilder immer wieder reflektieren.

Die Bilder im Kopf werden durch bildliche Darstellungen geprägt und verstärkt. Wenn Frauen z. B. Rollenvorbilder als Abbildung ganz bildlich vor sich sehen, schneiden sie hinterher bei Leistungsmessungen und

Tests besser ab. Das schildert Iris Bohnet, Harvard-Professorin und Verhaltensökonomin, in ihrem Buch „What works" (2022).

2.3.7 Verhaltensdesign: Wie Situationen gerechter und Frauen erfolgreicher werden

Häufig sind in den Eingangshallen berühmter Lehranstalten Gründerväter und erfolgreiche Männer bildlich ausgestellt. Wenn dort gleichermaßen weibliche Rollenmodelle vorkommen, hat dies Auswirkungen auf Lernende und ihre Einstellungen. Kleine Designanpassungen wie positive weibliche Rollenmodelle als Bilder, neutrale Dekoration der Räume und die Auswahl der Bildschirmschoner können stereotypen Assoziationen zu Geschlechterrollen entgegenwirken und Frauen ermutigen (vgl. S. 212). Bohnet fand heraus, dass unbewusste Vorurteile allgegenwärtig sind und Chancengleichheit nicht durch gute Vorsätze herbeizuführen ist. Am bekanntesten ist sicher ihr folgendes Beispiel: Seit Orchester zu Blind auditions übergegangen sind, das Vorspielen also hinter einem Vorhang stattfand, hatte sich der Anteil an Musikerinnen in Orchestern von damals 5 % auf 35 % gesteigert (vgl. S.7). Das Design des Verfahrens hat also maßgeblich den Talentpool vergrößert und die Zusammensetzung und damit auch seine optische Wirkung bei Konzerten so verändert, dass Orchester heute nicht mehr durchweg männlich und durchweg weiß besetzt sind. Welche Designs brauchen wir also für MINT-Fächer und Studiengänge, um mehr Zugänge für Frauen zu schaffen und die Hürden für sie zu senken?

Bohnet schlägt vor, das Verhaltensdesign anzupassen, Normen einzuführen, diverse Gruppen zu etablieren und Rollenmodelle zu schaffen. Sie nennt es „Seeing is believing". So entscheiden sich Studentinnen häufiger für den MINT-Studiengang, wenn die Einführungsveranstaltung von einer Professorin gehalten wurde (vgl. S. 220). Auf Männer hat dies keinen Einfluss. Es liegt nahe, dies damit zu erklären, dass ihre Sozialisation im Laufe der vergangenen Jahrzehnte bereits genügend innere Bilder von erfolgreichen Rollenmodellen hervorgebracht hat.

Zusammengefasst bedeutet dies, dass wir Frauen in ihrer Selbsteinschätzung und ihrem (digitalen) Erfolg mit positiv besetzten Bildern und Sprache unterstützen können. Sprache prägt unsere Vorstellungswelt, verfestigt Bestehendes oder ermöglicht gedanklich Neues. Das gilt für beide Geschlechter, denn Jungen lernen z. B. von männlichen Vorbildern besser. Wir brauchen deshalb dringend mehr Erzieher, Lehrer und männliche lesende Vorbilder. Es wäre also gut, wenn sich mehr junge Männer generell für soziale Berufe begeistern könnten.

Das Wissen darüber, dass eine geschlechtergerechtere Sprache kindliche Berufsvorstellungen und deren vermeintliche Erreichbarkeit beeinflusst, stellt auch eine Studie von 2015 fest,[37] auf die Lego reagiert hat. Nach dem Erscheinen der Studie hat die Spielzeugfirma angekündigt, zukünftig alle Gender-Bias-Merkmale aus ihren Produktlinien zu entfernen. Man wolle keine ungleichen Zukunfts-Karrierechancen durch „training opportunities", die sich beim Legospiel im Kinderzimmer ergeben können, verstärken (erschienen im The Guardian, 21.10.2021[38]). Oder wie es Iris Bohnet auf den Punkt bringt: „Gleichberechtigung in der Arbeitswelt ist nicht erreichbar ohne Gleichberechtigung zu Hause." (Bohnet im Interview der OECD vom 13.10.202139)

Eigentlich klar und einleuchtend – doch warum bleibt das Thema so umstritten? Selten habe ich auf unterschiedlichen Portalen so polarisierte Diskussionen mitverfolgt wie zum Thema Gendern, auch im Twitterlehrerzimmer. Dass man in diesem Zusammenhang auch über das Ziel hinausschießen kann, zeigt folgende Rückmeldung: Ein Zuhörer meines Vortrags berichtete, dass in den Sachaufgaben der aktuellen Mathematikbücher der Sekundarstufen nun fast ausschließlich Mädchen gezeigt würden, die die Lösung wüssten und sie den Jungen erklärten. Das würde vor allem die Jungen in seinen Klassen stören. Ich finde zu dieser Beobachtung keine validen Ergebnisse, wünsche aber natürlich Jungen und Mädchen erfolgreiche Vorbilder.

---

37 Studie: Geschlechtergerechte Sprache beeinflusst kindliche Berufsvorstellungen (15.6.2015). In: https://www.gwi-boell.de/de/2015/06/15/studie-geschlechtergerechte-sprache-beeinflusst-kindliche-berufsvorstellungen (recherchiert am 18.7.2022)

38 Lego to remove gender-bias from its toys -after findings of child survey (11.10.2021). In: https://www.theguardian.com/lifeandstyle/2021/oct/11/lego-to-remove-gender-bias-after-survey-shows-impact-on-children-stereotypes -shows-impact-on-children-stereotypes (recherchiert am 18.7.2022)

39 Iris Bohnet im Interview (13.10.2021). In: https://blog.oecd-berlin.de/tete-a-tete-mit-iris-bohnet (recherchiert am 18.7.2022)

2.3.8 Interview mit Julia Freudenberg: Coding macht so viel mehr Spaß als gedacht!

Meine Gesprächspartnerin Julia Freudenberg hat zur Integration von geflüchteten Menschen promoviert, BWL studiert und leitet die Hacker School, um junge Menschen für Zukunftsberufe zu begeistern. Mit dabei: ein spezielles Angebot für Mädchen und Frauen. Sie formuliert ein ganz klares Ziel: „Wir sind gemeinnützig. Wir engagieren uns ohne wirtschaftliche Interessen, um die Welt ein bisschen zu retten! Die Hacker School möchte Kinder und Jugendliche durch Programmieren mit den Fähigkeiten des 21. Jahrhunderts in Kontakt bringen und ihnen eine positive Fehlerkultur aufzeigen – einfach zum Entdecken neuer Welten.“ [40]

Kati Ahl: *Du hast gesagt, man müsste einen Satz unter Strafe stellen. Welcher ist das?*

Julia Freudenberg: „Ich kann das nicht, weil ich eine Frau bin.“ Mädchen orientieren sich an weiblichen Erwachsenen. Und wenn der Glaubenssatz „Ein Mädchen kann nicht rechnen“ immer wieder transportiert wird, würde ich auch diesen Satz total gern mindestens als Ordnungswidrigkeit einstufen lassen. So ein Satz zerstört den Glauben daran, dass man es können kann, wenn z. B. Mütter zu ihren Töchtern sagen: „Mäuschen, mach dir keine Sorgen, Mutti konnte auch nicht rechnen.“ Aber man rechnet doch nicht mit den Eierstöcken! Ich glaube, dass man Menschen, die überhaupt kein mathematisches Grundverständnis haben oder kein Gefühl für Daten und für Verhältnismäßigkeiten, zukünftig kaum noch beschäftigen können wird. Eine grundsätzliche Bereitschaft, sich mit Lernfeldern am Rande der eigenen Komfortzone zu beschäftigen, wird immer wichtiger.

KA: *Überzeuge unsere Leserinnen doch bitte mal, einen Programmierkurs bei deiner Hacker School zu machen. Warum sollte man das tun?*

JF: Weil es viel Spaß macht. Weil ihr ein Abenteuer erlebt. Guckt euch diese Welt mal an! Unsere Kurse sind darauf ausgelegt, dass man komplett ohne Vorkenntnisse reinkommt und dass insbesondere auch junge Menschen gleich Erfolgserlebnisse haben. Denn die Konzentrationsspanne ist insbesondere dank der Instant-Gratification über Social Media mittler-

40 Julia Freudenberg im Interview (21.10.2021). In: https://sheconomy.media/wir-tun-das-um-die-welt-zu-retten/ (recherchiert am 18.7.2022)

weile so kurz, dass man Kinder früh abholen und begeistern muss, damit sie überhaupt Lust haben, weiter zu machen. Man kann Programmieren können, es ist keine Raketentechnik! Jedes Programm beginnt mit einer Start-Bedingung. Und es gibt Anweisungen, die man umsetzen muss, sei es mit Scratch, sei es mit HTML, sei es mit einem Python-Kurs, sei es, um eine kleine App zu programmieren. Am besten lernt man etwas, was man hinterher noch seinem Partner oder den Freunden zeigen und auch ein bisschen angeben kann. Ihr werdet ein Wochenende lang unglaublich viel Spaß haben und neue Seiten entdecken. Ich würde sagen, versucht es doch mal!

KA: *Also die Neugier ist geweckt und gleichzeitig möchte ich nochmal nachhaken. Warum sollten wir das alle mal versucht haben? Wir werden sicher nicht alle Programmiererinnen und Programmierer.*

JF: Wir wissen heute, dass 65 % der Grundschülerinnen und Grundschüler in Jobs arbeiten werden, die wir jetzt noch gar nicht kennen. Wir benötigen die 21. Century Skills nicht nur als schönes, kompliziertes Wortkonstrukt. Beim Programmieren kann man erfahren, wie man eine große Herausforderung in viele kleine Einzelprobleme zerlegt, dass man diese letztendlich lösen kann und dass nicht Mathe das umfassende Mittel der Wahl ist. Im Kern sind es logisches Denken und Kreativität, vielleicht noch kombiniert mit Mathe, aber es geht nie nur um Mathe. Hinzu kommt: Die Systeme sind so komplex, dass sie einer oder eine alleine nicht mehr schafft. Also sind Kommunikation und Kollaboration absolut entscheidend, auch für Menschen, die keine Tekkies werden. Die werden nur zumindest in der Lage sein müssen, mit Tekkies zu reden. Dafür hilft es wiederum sehr, eine grobe Idee davon zu haben, worum es beispielsweise beim Programmieren überhaupt geht. Eine Freundin von mir hat einen HTML-Kurs mitgemacht und sagte mal den für mich legendären Satz: Zwei Sachen nehme ich mit. Erstens, die jungen Dinger lernen ja irre schnell. Tiefer Respekt. Und das zweite ist, ich weiß jetzt, was ich mit meiner Frage „Kannst du mal kurz...?“ bei meinen IT-Kollegen anrichte! Das mache ich nie wieder. Und dieses Verständnis füreinander, das ist wichtig.

KA: *Bei meinem Programmier-Experiment fiel mir auch auf, dass man ja quasi ständig Fehler macht und repariert ...*

JF: Genau, bei all diesem Spaß lernen die jungen Menschen oder auch die Junggebliebenen im Kurs noch einmal die Wichtigkeit der Fehlerkultur. Bugfixing, also Fehler finden beim Programmieren, ist die Hälfte der Miete. Der Rest ist googeln. Dazu muss man nur erst den richtigen Suchbegriff finden, denn IT-ler sagen auch oft: „Keine Ahnung, lass uns das mal rausfinden." So ein entspannter Umgang baut Ängste ab, z. B. bei Kindern, die mit Eltern aufwachsen, die Angst vor künstlicher Intelligenz haben und denken, KI ist Terminator 3. Diese Kids können sich nicht sinnvoll auf das Erkunden neuer Welten einlassen und das mal ausprobieren. Aber gemeinsam sozusagen einen Tee mit den ganzen Codes zu trinken und einfach mal zu schauen, ob man da nicht zusammenkommt, das ist im Stiftungs-Sprech ein disruptiver Impuls. Danach haben junge Menschen eine Entscheidungsgrundlage, auf der sie beurteilen können, ob sie weitermachen wollen oder nicht – und keine diffuse Angst.

KA: *Würdest du sagen: Für alle Menschen, die nichts mit Technik zu tun haben, sind alle technischen oder auch digitalen Entwicklungen wie eine Black Box und damit auch schwer einschätzbar?*

JF: Ehrlich gesagt ja. Und deswegen ich glaube: Das Wichtigste, was wir machen können ist, jungen Menschen, vor allem Mädchen und Frauen wirklich zu zeigen, dass Angst zu haben immer der schlechteste Berater ist. Reingehen, angucken, vielleicht mit Unterstützung angucken; vielleicht auch erst mal ein bisschen vorsichtiger rangehen – okay. Aber dann wirklich loslaufen und ausprobieren. Dann bist du immer auf der besseren Seite.

KA: *Was würde passieren, wenn – jetzt mal polarisiert, mal überspitzt gesprochen – die Hälfte der Gesellschaft, der weibliche Teil da nicht mitziehen würde?*

JF: Das ist ja aktuell etwas überspitzt formuliert so und das ist ja das Tragische. Du kennst ja diese ganzen Beispiele, dass etwa die Sicherheitsgurte und die Airbags auf einen 80-Kilo-Mann als Autofahrer ausgerichtet sind. Auch die Dosierungsempfehlungen bei Antibiotika zielen auf den Durchschnittsmann ab. Ich habe keine Ahnung, wie viele Frauen wir dadurch bereits verloren oder suboptimal behandelt haben, aber die Dunkelziffer dürfte signifikant sein. Insbesondere im Bereich der künstlichen Intelligenz schaufeln wir uns das eigene Grab, wenn wir Frauen uns nicht trauen, mitzumischen. Ich bin davon überzeugt: Je mehr Frauen in den IT-Bereich gehen, umso besser. Das denke ich nicht nur, weil wir junge Frauen dann nicht gleich in der ersten Runde bei der Frage verlieren, wer beim ersten Kind weiterarbeiten gehen darf, sondern auch, weil die Vereinbarkeit von Familie und Beruf – wenn ich arbeiten kann wann ich will, wo ich will und wenn ich so gefragt bin, dass die Leute bereit sind, auch auf meine Vorstellung einzugehen – uns ermöglicht, die Welt mit zu verändern.

KA: *Was können wir von dir lernen? Wofür kannst du Role Model sein?*

JF: Einfach machen! Was ich mit der Hacker School gelernt habe, ist, ein „Nein" hast du jetzt schon. Du kannst Sachen nur ändern, wenn du hingehst und fragst. Wenn du was verändern willst, beginnt das Leben außerhalb der Komfortzone. Dann musst du halt dorthin gehen, wo es dich Überwindung kostet. Und ich bin davon überzeugt – und das sage ich auch gerne insbesondere jungen Mädels – wenn sie es wollen, dann sollen sie es machen und sie sollen nicht so streng mit sich sein. Frauen können sich ja wunderbar fertigmachen mit Gedanken wie: „Oh, jetzt hatte der Große nur eine drei minus in Englisch. Hätte ich ihn anders unterstützen müssen? Wie kann ich mit der Kleinen mehr lernen?" Frauen müssen sich selbst sagen können: „Ich bin gut so, wie ich bin und ich kann unglaublich viel erreichen". Für diese Haltung zu sich selbst möchte ich Menschen einfach begeistern, insbesondere Frauen. Gestalten zu können ist einfach geil! Und die größte Kunst ist es, Menschen einzustellen, die besser sind als man selber. Denn erst dann kann man richtig viel erreichen!

KA: *Zurück zu Sicherheitsgurten und Antibiotika. Wodurch werden Frauen ausgeschlossen? Wie funktioniert das?*

JF: Allgemein gesprochen kommt das aus der althergebrachten Betrachtungsweise des generischen Maskulinums. Im Bereich der künstlichen Intelligenz liegt das im Schwerpunkt daran, dass die meisten Algorithmen von weißen Männern zwischen 20 und 40 programmiert werden. Das ist eine besondere Gruppe, in der häufig auf die eigene reine Logik gesetzt wird. Wenn ich Personalentscheidungen zu treffen hätte, wen würde ich einstellen? Ganz rational bewertet und nur auf Zahlen geschaut, dann habe ich bei Frauen mindestens dreieinhalb Monate Fehlzeiten pro Schwangerschaft. Das sind einfach Messwerte, und wenn die ungefiltert in die Datenauswertung einfließen, dann haben wir ein Problem. Schon Aladin El-Mafaalani hat – etwas freier formuliert (in seinem Buch „Das Integrationsparadox", Anm. d. Autorin [41]): Integration ist, wenn es wirklich knallt. Solange die Geflüchteten brav an ihrem Kindertisch sitzen, pas-

41 El-Mafaalani, A. (2018): Das Integrationsparadox: Warum Integration zu mehr Konflikten führt. Köln

siert nicht viel. Aber wenn wir an den richtigen Tisch mit den Erwachsenen kommen und sagen: „Hey, Entschuldigung, auch wir haben Rechte", dann knallt's, und das ist es doch, was Integration bedeutet. Ich bin ein großer Verfechter von Diversity, auch wenn Diversity absolut anstrengend ist. Aber wir brauchen Diversität unbedingt, wenn wir wollen, dass sich dieses System zum Besseren verändert.

KA: *Auf Schulen übertragen habe ich dazu zwei Ideen: Einerseits muss die Tech-Branche diverser denken und darauf achten, dass Entwickler-Teams diverser sind. Andererseits könnten auch die Treiber der digitalen Bildung an Schulen diverser aufgestellt sein, so müsste z. B. jeder Kollege mindestens mit einer Kollegin kooperieren.*

JF: Da könnte dir auch Silke Müller (Schulleiterin der Waldschule Hatten, Anm. d. Autorin) Einiges zu sagen. Redet nicht über uns, redet mit uns. Ihr habt eine Vorstellung von Schulen, die nichts mit der Realität zu tun hat. Aber: Die Realität in Schulen hat auch nichts mit der wahren Welt zu tun. Also ich glaube tatsächlich, wir bräuchten so ein vorgeschaltetes Jahr für Lehrkräfte. Erst wenn sie vorher ein Jahr in der Wirtschaft gearbeitet haben oder sechs Monate Praktikum gemacht haben, dürfen sie in die Schule. Ich glaube außerdem, dass die Verbeamtung von Lehrerinnen und Lehrern kritisch hinterfragt werden sollte. Wir hatten damals einen Lehrer, da wusste jeder: Der Unterricht ist schlecht. Warum hospitiert da nicht mal einer? Warum hospitiert er selbst nicht irgendwo? Warum ist diese Verharrungshaltung bei den Lehrenden etwas, was wir als normal akzeptieren? Überall sonst predigen wir doch lebenslanges Lernen. Andererseits habe ich großes Mitgefühl mit Schulen, deren Aufgaben seit Jahren total ausgeweitet werden. Aber zurück zur Frage: Lasst uns echte IT-lerinnen in die Schule holen, die Kids zeigen, wie cool IT ist. Zusammen kriegen wir das hin.

KA: *Wie geht eigentlich gendergerechtes Lernen und Lehren nach deinen Erfahrungen? Du hast ja auch die Hackers School for Girls gegründet.*

JF: Wir hatten früher teilweise aus Versehen reine Jungskurse, weil wir keine Anmeldungen von Mädels hatten, und das hat mich gestört. Am Anfang hatten wir deshalb sogar die bekloppte Idee der PINK Hacker School, denn ich liebe es ja, mit Klischees zu spielen. Aber mir wurde dann gesagt, dass mein Humor nicht unbedingt jeden Geschmack trifft, okay.

KA: *Das Cover zu diesem Buch hier sollte auch erst pink werden. Und da haben wir auch gedacht, da nimmt das kein Mann in die Hand, haha!*

JF: Ja, ja, (lacht). – Im Mai 2020, mitten im Lockdown, sagten wir: Jetzt launchen wir die Girls Hacker School. Einfach darum, um ein Safe Space zu haben, in dem sich Mädchen mal ausprobieren können. Inhaltlich nehmen sich die Kurse gar nicht viel. Der Schwierigkeitsgrad ist der gleiche. Die Themen sind teilweise ein kleines bisschen anders, weil Mädchen in der Regel nicht so gerne ballern oder sich für das Programmieren eines Spiels begeistern lassen, nur weil das jetzt neu ist und blinkt. Für Mädchen sind auch noch andere Aspekte wichtig, die man unter dem Begriff der Kontextualisierung zusammenfasst; gesellschaftliche Nachhaltigkeit oder „the reason why“ spielen eine ganz andere Rolle. Warum sollte ich das machen? Nur weil‘s neu ist? Keine Zeit. Gib mir einen richtigen Grund. Das sagen Mädchen.

KA: *Sind getrennte Kurse für Mädchen und Jungen besser?*

JF: Ich habe in Programmierkursen Folgendes beobachtet: Wenn Jungs und Mädchen an der Tastatur sitzen, sagen die Jungs häufig: „Hey, lass mich mal schnell machen“, und das Mädchen ist einverstanden. Ein anderes Beispiel: Pauschalisiert programmieren Jungs sequenziell, Mädchen objektorientiert. Für Jungs reicht es häufig, wenn etwas funktional ist, egal ob schön oder nicht, Hauptsache, es läuft und am Ende ist das Ziel erreicht. Mädchen wollen es gerne eher komplexer und vielfältig. Aber wenn dann irgendeine Kleinigkeit nicht funktioniert, dann geben sie schnell auf: „Oh, ich hab‘s nicht drauf.“ Jungs nennen das eher ein Equipment failure, dann hat der Rechner nicht funktioniert oder das Internet nicht. Ist egal, aber er selbst war es jedenfalls nicht. Diese Ungleichheit in den Startbedingungen, die wollten wir mit der Girls Hacker School beheben.

3 Was Lehrerinnen brauchen

Wenn digitale Bildung nun in den bisher beschriebenen drei Perspektiven des Dagstuhl-Modells gedacht werden muss, was bedeutet das dann für Lehrerinnen? Was brauchen sie an Bedingungen und Veränderungen, um digitale Bildung zu gestalten? Und welche Qualifikationen brauchen sie für einen guten Einstieg? Das frage ich Ines Bieler vom Zentrum für Lehrer*innenbildung der Martin-Luther-Universität in Halle-Wittenberg. Sie erklärt mir das DPACK-Modell. Es ist eine Weiterentwicklung des Dagstuhl-Modells und zeigt auf, was von Lehrerinnen im Hinblick auf digitale Bildung verlangt wird.

3.1 Lehrerinnen brauchen Kompetenzen: das DPACK-Modell

In der Ausbildung von Lehrkräften war bisher das TPCK-Modell bekannt, das abbildet, über welche Kompetenzen Lehrkräfte verfügen sollten. Es beinhaltet die Pädagogische Kompetenz, die Inhaltliche Kompetenz (bezogen auf das Unterrichtsfach) und die Technische Kompetenz, die für Lehrkräfte das Anwendungswissen digitaler Angebote in den Vordergrund stellte. Aus dem TPCK-Modell entwickelte Döbeli Honegger die Erweiterung DPACK[42] und integrierte in dieses das Dagstuhl-Modell. Das Ergebnis zeigt Abb. 6.

42 DPACK ist eine Erweiterung von TPCK (12.6.2022). In: https://mia.phsz.ch/DPACK/ErweiterungVonTPACK (recherchiert am 18.7.2022)

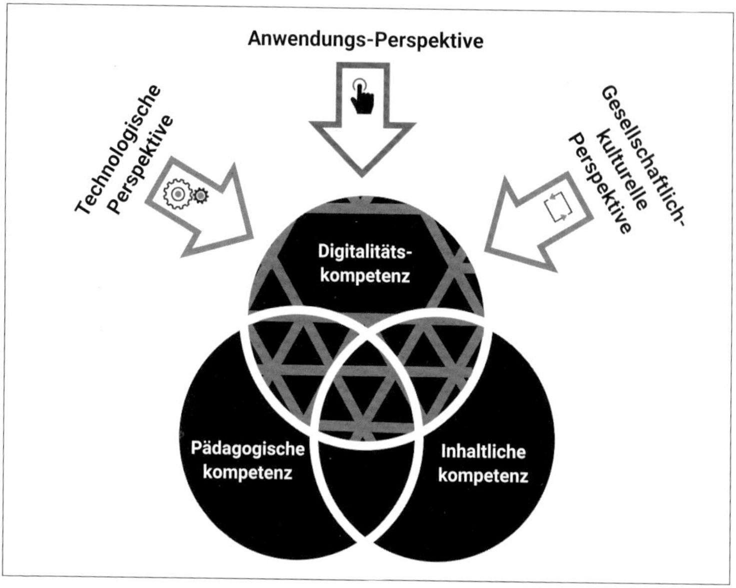

Abb. 6: Das DPACK-Modell ist eine Weiterentwicklung des Dagstuhl- und des TPCK-Modells

Lehrkräfte brauchen also neben der Fachperspektive zum Unterrichtsfach und der pädagogischen Perspektive auf Unterricht und Bildung eine Digitalitätskompetenz, und zwar eine, die sich auf drei Perspektiven erstreckt und damit weitgreifender ist als die Perspektive eines reinen Anwendungswissens. Jede erforderliche Grundkompetenz weist in der Abbildung (Abb. 6) eine Schnittmenge zur Digitalitätskompetenz auf und erzeugt andere Schwerpunkte. In der inneren Schnittmenge aller Kreise sieht Honegger die digitale pädagogische Inhaltskompetenz, die alle Perspektiven vereint.

Das Modell veranschaulicht, warum die Transformation in der digitalen Bildung so komplex ist. Manche Schulen und Anbieter fokussieren sich stark auf Technikaspekte wie Ausstattung und Funktionalität, andere starten mit fachlich gut einsetzbaren Tools, wieder andere denken Schulentwicklung neu und entwickeln eine veränderte pädagogische Perspektive. Das wirft Fragen auf, die weit über Technikadaption hinaus den Kern der schulischen Bildung betreffen, es geht beispielsweise um asynchrones Lernen, das die bisherige strukturelle Form der Bildung in Frage stellen kann.

Das Transformationsgeschehen stellt hohe Anforderungen an Aus- und Weiterbildung von Lehrkräften und bedeutet, dass die ausbildenden Expertinnen und Experten selbst über diese Kompetenzen verfügen müssen, wenn sie sie angemessen vermitteln wollen. Sie müssen sich und ihr Tun reflektieren: Welche impliziten pädagogischen Ziele verfolgen wir neben den fachlichen und welche Anwendung unterstützt dies? Konkret sollten sie sich folgende Fragen stellen:

- Ist das jeweilige Tool auch pädagogisch gut durchdacht?
- Was hilft wirklich, den fachlichen Inhalt gut zu durchdringen, oder geht es um eine reine Wissensabfrage?
- Welche Reflexion ist anschließend erforderlich, um alle Aspekte aufzuschließen?
- Ist das eine sinnvolle Aufgabe im Sinne des 4K-Modells und des Lernkompass‘ 2030?
- Wie verändert sich dadurch das Arbeiten als Lehrkraft / in der Schule?
- Was bedeutet das für die Gender-Perspektive?

Wenn wir die Fragen zuspitzen wollen, sollten wir als Zielgruppe eine weibliche Lehrkraft in Teilzeit mit wenig Vorwissen ansprechen. Ines Bieler startet in ihren Workshops dann mit diesen Fragen:

- Haben Sie heute schon eine Nachricht gesendet / Ihre Mails gecheckt oder Schritte gezählt?
- Zu wieviel Prozent nutzen Sie ihr Handy zum Telefonieren?

Die Dozentin lädt damit ein, die Verknüpfung von digitaler und analoger Welt, wie sie im Alltag üblich ist, auch in die Schule zu übertragen. Schule und die Entwicklung zu einer Kultur der Digitalität werden damit zu einer gesamtgesellschaftlichen Aufgabe, in der Frauen ihren Platz einnehmen sollten, ihre Kompetenzen einbringen und ihre Perspektiven verdeutlichen.

Für die Ausbildung von Lehrkräften schlägt Christof Wecker vom Zentrum für digitalen Wandel der Uni Hildesheim deshalb eine Basisqualifizierung nach erfolgter Eingangsdiagnostik vor und will Kursmodelle zum Erwerb digitalisierungsbezogener Kompetenzen anpassen:

> „Daneben sollten im Idealfall auch digitalisierungsbezogene Haltungen und Einstellungen erfasst und berücksichtigt werden. Für eine ökonomische Durchführung einer derartigen Eingangsdiagnostik bei sämtlichen Studienanfängerinnen

> und -anfängern bietet es sich an, die genannten Instrumente als Onlinetests zu implementieren, die von den Studierenden zu Studienbeginn bearbeitet werden, […] damit zukünftige Lehrende den digitalen Wandel in der Schule aktiv mitgestalten können." (Wecker et. al. in Knackstedt et. al: Kompetenzmodelle für den digitalen Wandel, 2020, S. 55)

3.2 Lehrerinnen-Alltag mit Personas verstehen

Vom Schulalltag vieler Schulen sind solche Modelle häufig weit entfernt. Für diejenigen unter den Lesenden, die nicht aus dem System Schule kommen, möchte ich dazu folgende Hilfestellung geben: Im Design thinking werden für neue (Produkt-)Entwicklungen häufig sogenannte Personas erstellt, um die Zielgruppe besser zu verstehen. Personas sind Prototypen der Zielgruppe. Es ist einfacher und erzeugt mehr Empathie, wenn man eine Person konkret z.B. mit Eigenschaften imaginiert, als wenn eine anonyme Zielgruppe avisiert wird. Das funktioniert auch für Prozesse. Nehmen wir also an, wir würden für einen stärkeren Einbezug von Lehrerinnen zwei Personas erstellen. Eine sollte unbedingt von einer Grundschule stammen, in Teilzeit arbeiten, womöglich alleinerziehend, etwa Anfang 40 sein. Eine weitere Lehrerin könnte vielleicht an einer weiterführenden Schule arbeiten, nehmen wir ein Gymnasium, die Lehrkraft von dort ist Mitte 50. Nennen wir sie Manuela und Dorothea. Mit einer „Manuela" habe ich ein Interview geführt, das sie allerdings nicht unter ihrem Namen veröffentlichen möchte. Sie sagte mir sinngemäß:

> Ich mache nur das, was ich direkt morgen einsetzen kann, für lange Fortbildungen habe ich einfach keine Zeit! Ich bin schon in Teilzeit und arbeite aber Vollzeit, um alles zu schaffen. Während des Lockdowns habe ich Erklärvideos erstellt und auf einem internen Youtube-Kanal hochgeladen, das haben dann auch andere Kolleginnen aufgegriffen und ergänzt. Heute nutze ich die nicht mehr, höchstens mal, wenn ein Kind krank ist. Eine Fortbildung zum Thema Sprache und digitale Tools habe ich dann doch mal besucht, aber da lief die Technik bei der Videokonferenz erst nicht und die Fortbildnerin sagte in wirklich jedem Satz ähm, das war nicht auszuhalten. Man konnte kaum zuhören! Für so etwas ist meine Zeit zu schade!

Manuela hat weniger Berührungsängste, aber für sie stehen die Praktikabilität und ein deutlicher Nutzen im Fokus. Sie bewertet Neuerungen ganz pragmatisch. Unterricht neu zu denken, dafür fehlt ihr die Zeit.

Dorothea dagegen hat mehr Widerstände. Sie erzählte mir sinngemäß:

> Ich habe klare Vorgaben, welche Ziele ich im Französischunterricht erreichen muss, das kann ich nur, wenn ich mich an meinen Stoffplan halte. Während des Lockdowns habe ich die Arbeitsblätter im Schulportal eingestellt und dort auch Rückmeldungen zu jedem Schüler gegeben. Das war sehr aufwändig und wird von uns nicht weiter verfolgt. Meine Kollegin hält oft eine Präsentation vor der Klasse, sie hat ihre gesamte Vorbereitung darauf ausgelegt. Das wäre mir zu viel Arbeit. Wozu? Manche sagen, man kann sich digital die Korrekturarbeit erleichtern, aber bis das alles umgestellt ist und ich alles gelernt habe – das ist mir zu viel und zu zeitaufwändig.

Dorothea kennt bisher nur die genaue Übertragung analoger Modelle in das digitale Format. Weder ist damit der persönliche berufliche Nutzen durch Zeitersparnis oder Vernetzung für sie spürbar, noch ist eine Veränderung des Unterrichts als Sinnkontext erlebbar. Das entspricht zwar nicht dem Bild der zeitgemäßen Bildung, ist aber häufig Schulrealität. Die beiden Beispiele zeigen: Ohne zumindest minimale Standards, erlebbare Veränderungsprozesse als Kollegium und echte disruptive Impulse ändert sich zunächst pädagogisch nichts.

Mein **Fazit** nach den Gesprächen lautet deshalb: Für eine stärkere digitale Bildung müssen Frauen einen deutlichen Nutzen und eine hohe Alltagstauglichkeit erkennen. Bei Manuela und Dorothea als Personas geht es wie für viele weibliche Lehrkräfte um den persönlichen Nutzen im beruflichen Alltag. Für die veränderte Unterrichtsrealität in den Lockdowns war Corona als disruptiver Impuls durchaus hilfreich, er führte teilweise zu kreativen Lösungen. Für schlechte Fortbildungen und nicht funktionierende digitale Umgebungen haben beide aber keine Zeit. Sie lernen jedoch gerne von Kolleginnen, weil diese anwendungsnah erklären können, wie sie Herausforderungen gelöst haben. Fragen wir uns deshalb konkret: Was brauchen Frauen, um an Fort- und Weiterbildungen teilzunehmen?

3.3 Lehrerinnen brauchen passende und bedarfsgerechte Einstiege: das PEEC-Modell

Wenn sich die Kompetenzen ähneln – jene, die die Schülerinnen und Schüler erwerben sollen und jene, die Lehrerinnen und Lehrer für die Vermittlung digitaler Bildung benötigen – welche Rückschlüsse lassen sich dann daraus ziehen? Welche Lernsettings ähneln sich womöglich? Ich schaue mir das PEEC-Modell (Abb. 7) von Bernadette Spieler vom Zentrum Bildung und Digitaler Wandel der Pädagogischen Hochschule Zürich genauer an (B. Spieler in Knackstedt et. al.: Kompetenzmodelle für das digitale Lernen, 2020, S. 187 ff.). Die Abkürzungen PEEC stehen für Playing, Engagement, Creativity und Creation.

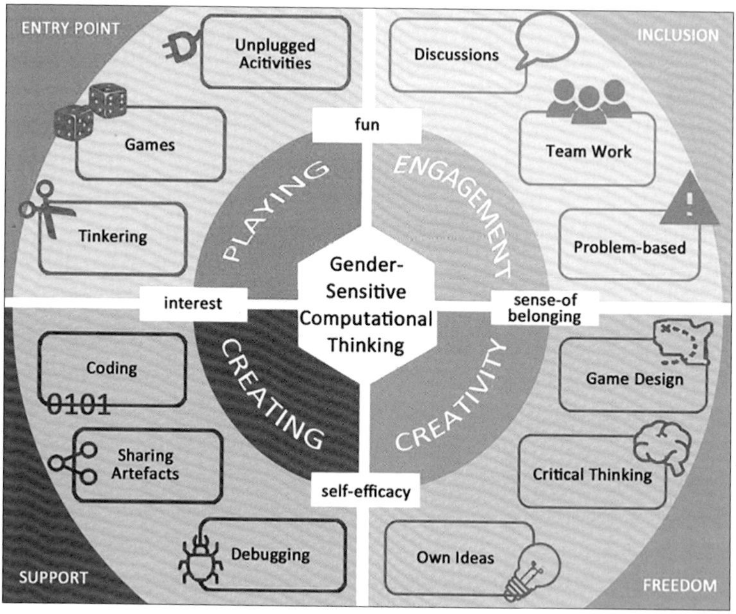

Abb. 7: Das PEEC-Modell wurde für das spielerische Erlernen von Programmierung und Konstruktion digitaler Lösungen entwickelt

Entwickelt wurde das PEEC-Modell für das spielerische Erlernen von Programmierung und Konstruktion digitaler Lösungen. Dabei werden beispielsweise einfache Spiele designt und programmiert. Der Einstieg kann dabei unplugged erfolgen, also ohne einen Computer zu benutzen. Als Beispiel dazu wird der Informatik-Biber-Wettbewerb genannt, an dem man schon mit einfachen Knobelaufgaben in der Grundschule teilnehmen kann.[43] Besonders wichtig für die Beteiligung von Mädchen

43 Informatik-Biber, Informatik für alle. In: https://bwinf.de/biber/ (recherchiert am 19.7.2022)

sei, „intrinsische Motivatoren zu stärken: Zugehörigkeitsgefühl, Interesse, Selbstwirksamkeit und Spaß“, hebt Bernadette Spieler hervor. (ebda. S. 188)

Diese Kombination von motivationsfördernden Aspekten gelingt für den Unterricht, wenn die Lehrkraft oder eine Expertin von außen solche Lernsituationen für Mädchen und Jungen aktiv gestaltet. Das bedeutet, auf die Lernsituationen von Lehrerinnen übertragen, dass Lern- und Weiterbildungsangebote wie durch fobizz oder die Girls Hacker School spezielle Anfängerinnenkurse genau auf diese Aspekte ausgerichtet sein sollten.

Ich bin nicht sicher, ob Games zu programmieren ein motivierendes Format für Frauen ist, deren Fokus ja eher auf Kommunikation und Vernetzung als auf Gaming liegt. Aber vielleicht lässt sich der Anwendungsbezug für den Unterricht herausarbeiten, im Sinne von „Ich lerne, was ich morgen mit Schülerinnen und Schülern ausprobieren kann.“ – Nicht zuletzt: Es gibt auch digitale Lernangebote für mehrsprachige Frauen wie beramì[44], und es gibt das FrauenComputerZentrum in Berlin[45] mit Medienkompetenz-Angeboten für geflüchtete Frauen.

44 Berami. In: https://www.berami.de/digitales-lernzentrum/ (recherchiert am 19.7.2022)
45 FrauenComputerZentrum Berlin. In: https://www.fczb.de/ (recherchiert am 19.7.2022)

3.4 Interview mit Karin Reichel und Nina Toller: 12 Schritte zu viel!

Ich habe mit Karin Reichel vom FrauenComputerZentrum Berlin e. V. gesprochen, die speziell mit digitalen Anfängerinnen arbeitet und viel Erfahrung mitbringt. Außerdem war die Lehrerin Nina Toller dabei, die unter dem Hashtag #tollerUnterricht viel Vorbereitungsarbeit für Unterricht und digitales Wissen teilt.

Kati Ahl: *Seid ihr Vorbilder für die Frauen in euren Kursen? Und: Würdet ihr gleichgeschlechtliche Kurse für Frauen empfehlen?*

Karin Reichel: Es macht tatsächlich einen Unterschied, wer den Kurs leitet und ob es gemischte Kurse sind. Das ist auch der Grund, warum wir im FrauenComputerZentrum Berlin nach wie vor IT-Schulungen von Frauen für Frauen machen. Sobald Männer dabei sind, sagen die häufig: „Ach guck, ich zeig dir das mal schnell." Ich habe eine Kollegin aus Syrien, die sich doch sehr gewundert hat, als sie nach Deutschland kam. Da hat sie zum ersten Mal gehört, dass Mädchen und Technik nicht zusammengehen. Obwohl wir uns in Deutschland ja immer so emanzipiert fühlen, gibt es eindeutige kulturelle Unterschiede in der Zuschreibung, wenn es um Mädchen und Technik geht.

KA: *Jetzt würde ich gerne von dir wissen, Nina, was ich von dir lernen kann, was deine Begegnung mit Digitalisierung angeht?*

Nina Toller: Ich denke, was man von mir lernen kann, ist dieses Einfach-machen und sich trauen, etwas auszuprobieren. Ich würde gern allen sagen, man macht nicht das Internet kaputt, wenn man auf eine falsche Taste drückt. Alles geht, das ist kein Teufelszeug. Man kann alles einfach mal ausprobieren.

KR: Genau, wir können mit digitalen Tools ganz viele tolle Sachen machen, aber wir haben auch einen technisch-kritischen Blick; dass kostenlose Apps zum Beispiel doch etwas kosten, nämlich meine Daten. Das wird natürlich meist nicht erwähnt, wir müssen uns deshalb fragen: Was sind die Mechanismen hinter der Technik? Von wem kommt die Technik und wer hat welche Interessen? Es ist unsere Verantwortung, Chancen und die Risiken im Auge zu behalten und auch die Frage zu stellen: Welche Auswirkungen hat die technische Entwicklung auf unser gesellschaftliches Zusammenleben?

KA: *Was kann ich mir bei dir abschauen, Karin?*

KR: Den Blick auf den Nutzen: Wofür nützt eine bestimmte Technik oder ein Tool? Wo kann ich das einsetzen? Wie erleichtert das meine Arbeit? Wie erleichtert es meine Zielerreichung? Und für den Datenschutz wünsche ich mir mehr Pragmatismus, im Sinne von: Mit welchen Risiken kann ich auch leben?

KA: *Jetzt bringt ihr beide ja zwei sehr unterschiedliche Perspektiven mit. Wie können wir aus eurer Sicht die Frauen gewinnen und wie werden sie zu aktiven Gestalterinnen?*

NT: Ich erlebe das Nichtkönnen vieler Frauen auch als ganz gute Ausrede, damit man es nicht selbst machen muss. „Ich kann das aber gar nicht. Kannst du das nicht mal machen?" Und das finde ich dann wieder so blöd, wenn man dieses Phänomen hilfloses Frauchen benutzt: Ich bin aber doch ein kleines Mädchen oder eine unwissende Frau, mir kann doch bitte hier geholfen werden.

KA: *Ja, wenn man dann tatsächlich aus der Hilfe lernt, fände ich es ja noch nachvollziehbar. Aber ich gebe dir recht, es gibt diese Ausreden: Ich bin eine Frau. Ich habe es nicht so mit Technik.*

KR: Ja, das Schlimme ist doch, dass die Frauen und die Mädchen sich das nicht selber ausdenken, sondern es wird ihnen ja gesagt. Das Doing gender (Reproduktion von Geschlechterstereotypen, Anm. d. Autorin), woran wir alle beteiligt sind, das ist für mich der allergrößte Hemmschuh für Frauen. Ich hatte wirklich ein großes Aha-Erlebnis, als ich bei einer Lehrerinnen-Fortbildung war. Ich war in der Kleingruppe mit einer Kollegin zusammen mit mehreren Lehrern und die haben ganz stolz erzählt, dass sie in der zehnten Klasse eine Ingenieurs-AG anbieten, um den Kindern frühzeitig den Zugang zu MINT-Berufen zu ermöglichen. Wir haben gefragt: Ist ja interessant, wie hoch ist denn der Mädchenanteil? Der läge zwischen 0 und 10 Prozent. Auf unsere Frage, was sie dagegen unternähmen, haben sie uns erstaunt angeguckt und die Frage überhaupt gar nicht verstanden. Wieso sollte man dagegen etwas tun, wenn die Mädchen da keine Lust drauf haben? Es kommen ja die Jungen. Das war überhaupt keine Gender-Sensibilität. Wir wissen ja: Schon in der frühen Erziehung prägt das Personal die Einstellung der Kinder. Diese geschlechtsspezifische Sozialisation ist so eine große Sache in Deutschland – und es gibt keine Sensibilität dafür.

KA: *Was müsste man tun?*

KR: Wir beim FrauenComputerZentrum Berlin versuchen seit 38 Jahren, unsere Weiterbildungen in den Formaten, in den Inhalten und von den Methoden her so zu gestalten, dass sie wirklich auf weibliche Bedürfnisse eingehen und sich an deren Lebensrealitäten orientieren. Wir arbeiten auch in reinen Frauengruppen, in denen diese Gender-Dynamik gar nicht aufkommt.

KA: *Eure Methoden, Inhalte und Formate sind auf Frauen abgestimmt. Da frage ich mich: Was genau sind denn Formate für Frauen?*

KR: Na, zum Beispiel eine Weiterbildung in Teilzeit anzubieten, weil viele Frauen nach wie vor die Familienarbeit übernehmen. Das heißt, in der Regel haben die vormittags Zeit. Die allermeisten Angebote von Arbeitsamt und Jobcenter sind aber Vollzeit-Weiterbildungen. Das funktioniert nicht, wenn Kinder betreut werden müssen. Wir haben früh mit Blended Learning begonnen. Vormittags findet der Unterricht statt, danach gibt es eine Selbstlernphase, die man selbst organisiert und an die eigenen Familienzeiten anpassen kann. Wir bieten zum Teil auch Weiterbildungen mit Kinderbetreuung an, speziell für geflüchtete Frauen. Sie konnten vorher einfach nicht teilnehmen, weil die Kinder nicht untergebracht waren. Das sind für uns Formate, die sich an den Bedürfnissen von Frauen orientieren. Es gab auch schon lange vor dem Lockdown ein Selbstlern-Zentrum im FrauenComputerZentrum, wo die Frauen selbstorganisiert kommen konnten und sich an unseren Computer-Arbeitsplätzen mit vorproduzierten Lernmaterialien IT-Themen selber aneignen konnten; also gar keine Weiterbildungen besuchen mussten, sondern wirklich selbstorganisiert gelernt haben. Es geht also darum, zum einen die Familienfreundlichkeit abzubilden und zum anderen frauenspezifische Inhalte anzubieten.

KA: *Was sind denn frauenspezifische Inhalte?*

KR: Eine Zielgruppe ist die der geflüchteten Frauen. Da orientieren wir uns einfach an den Themen, die sie interessieren, beispielsweise wenn es um das Thema Internetrecherche geht. Also wenn die geflüchtete Frau gerade einen Kinderbetreuungsplatz sucht, dann machen wir mit ihr die Internetrecherche zum Thema Kinderbetreuungsplätze; es kann aber auch um andere spezifische Angebote wie Erziehungsberatungsstellen, Frauengesundheit, Geld verdienen gehen. Das sind Themen, die für unsere Frauen spezifisch sind. Oder ein Haushaltsbuch in Excel zu führen, weil die ökonomische Situation ein Thema sein kann.

KA: *Wie können wir das auf Lehrkräfte übertragen, Nina?*

NT: Ich habe meinen Workshop irgendwann angepasst. Also erst habe ich angefangen mit *Ja, hier bitte auf die WLAN-Einstellungen gehen, bitte WLAN anmachen, Code scannen, fertig. Let's go.* Und das waren für die Mehrheit der Teilnehmer ungefähr 12 Schritte zu viel, so dass ich dann tatsächlich irgendwann reine Anfängerkurse angeboten habe, ohne eine intuitive Bedienung vorauszusetzen. Konkret: dass das Dreieck ein Play-Button ist oder dass ein roter Button ein Recording-Button ist. Das, so dachte ich, könnte ich voraussetzen, dem ist aber nicht so. Ich musste wirklich alles komplett erklären und ganz kleinschrittig rangehen. Und ich finde es ganz besonders, dass sich dann auch die Frauen in den Workshops, diese echten Anfängerinnen mit wenig Technikerfahrung trauen und beginnen, sich dafür zu interessieren. Dieses Gefühl möchte ich weitergeben, so wie bei meinen Fünftklässlern in Informatik. Die wissen zunächst auch nicht, was eine Maus und eine Tastatur ist.

KA: *Das wäre ja ein schönes Ziel, sich nach einem Workshop zumindest zum Teil als digital kompetent zu erleben und zu denken: Diese Sache habe ich jetzt verstanden!*

NT: Genau, deswegen habe ich auch mittlerweile Binnendifferenzierung in meinen Workshops eingebaut, sodass ich immer eine Aufgabenstellung für alle gebe und eine für die Pros. So hat dann jeder sein eigenes Level und kann etwas mitnehmen.

KA: *Karin, was sind denn bei euch frauenspezifische Methoden?*

KR: Spezifische Methoden wären das, was Nina gerade gesagt hat: niedrigschwellige und kleinschrittige Angebote. Zu uns kommen immer noch Frauen, die wissen nicht, wo man einen Computer anschaltet. Da muss man wirklich in kleinen Schritten vorangehen. Wir sagen, es geht um digitales Empowerment. Und ich finde, das schönste Feedback, das wir immer mal wieder von den Frauen hören, ist: *Ich musste immer meine Kinder fragen, ich musste immer meinen Mann fragen. Und jetzt habe ich bei euch was gelernt, was ich denen erklären konnte. Zu Hause war ich jetzt plötzlich die Expertin bei einem Thema – und das finde ich einfach total super.*

Fazit: Viele Frauen brauchen asynchrone Lernformate, gut aufbereitete Fortbildungen, die ihre Lebensbedingungen berücksichtigen. Sie brauchen kleinschrittige Anleitungen, die sie niedrigschwellig anleiten. Deshalb wäre dem Personal und den Ausbildenden grundsätzlich mehr Gendersensibilität zu wünschen und Interesse an der Frage: Wie gewinnen wir mehr Mädchen/Frauen?

Bei diesem Thema gibt es übrigens interessante nationale Unterschiede. Eine Studie der amerikanischen Psychologinnen Else-Quest, Hyde und Linn fand heraus, dass in Ländern mit höherer Gleichberechtigung die Angst der Frauen vor Mathematik und ihre Scheiterns-Erwartung größer ist.[46]

> „In nations with greater gender equity, gender differences in valuing math, extrinsic motivation, intrinsic motivation, self-concept, and self-efficacy were larger (favoring males) than in nations with less gender equity." (S. 120)

Umgekehrt scheint die eigene Erwartung als Frau, in Mathematik schlechter zu sein, in manchen Ländern nicht zu gelten. Die Wissenschaftlerinnen folgern, dass die STEM-Fächer (bei uns MINT-Fächer) für Frauen in anderen Ländern eine Möglichkeit sein könnten, aus sozioökonomischer Abhängigkeit und Rollentraditionen auszubrechen und erfolgreich zu sein. Diese Fächer werden also eher als Chance gesehen. So schreiben Melanie C. Steffens und Silvana Weber in ihrem „Handbuch Migration und Erfolg"[47]:

> „Es konnte beispielsweise gezeigt werden, dass asiatische Frauen, die an einer amerikanischen Universität studierten, schlechtere Leistungen in einem mathematischen Test erbrachten, wenn ihre soziale Identität als Frau (negatives Stereotyp: „Frauen sind schlecht in Mathe.") aktiviert wurde, während sie bessere Leistungen erbrachten, wenn ihre kulturelle Identität als Asiatinnen (positives Stereotyp: „Asiaten sind gut in Mathe.") aktiviert wurde." (S. 196)

Man spricht hier von Stereotype-Threat-Situationen; das sind Situationen, die an die kulturelle oder soziale Identität erinnern und damit verbundene Stereotype zum Nachteil aktivieren können. Für alle digitalen Angebote, aber auch für Fort- und Weiterbildungen, sollten diese Faktoren berücksichtigt werden.

---

46 Cross-national patterns of gender differences in mathematics: A meta-analysis. In: https://psycnet.apa.org/record/2009-24669-002 (recherchiert am 19.7.2022)

47 P. Genkiova / A. Ricken (Hg. 2020): Handbuch Migration und Erfolg: Psychologische und sozialwissenschaftliche Aspekte. München

3.5 Raus aus der erlernten Hilflosigkeit

Ein persönlicher Blick zurück: Es war bei meiner Examensarbeit. Einen Tag vor dem Abgabetermin war ich mit dem Text fertig geworden. Beim Ausdrucken zeigte sich, dass das gesamte Format zerstört war. Nichts war mehr so, wie es auf meinem Rechner in der Ansicht aussah. Ich brauchte einen, der kundiger war als ich, einen „Experten". Im Freundeskreis gab es den Bekannten von Freunden, der mir half. Die ganze Nacht reparierte er mit mir das Format, so dass ich morgens im Copy-Shop stand und mittags mit den beiden fertigen Exemplaren noch rechtzeitig im Prüfungsamt ankam. Kennen Sie auch einen solchen Helfer?

Meiner ist über die Jahre zum guten Freund geworden, neben dem Digitalen haben wir viele andere gemeinsame Themen gefunden. Manchmal half er mir per Fernwartung oder als Telefonsupport, wenn ich nicht weiterkam. Derzeit ist er jedoch nicht mehr verfügbar, er ist gerade Vater geworden. Ich musste also z. B. selbst ein Mail-Problem lösen, den neuen Rechner einrichten und den alten löschen. Google half ein bisschen.

Wer hilft Ihnen? So wichtig ein oder eine Mentorin ist, manchmal ist es noch besser, ohne dazustehen, denn dann müssen wir Dinge selbst lösen, unsere Komfortzone verlassen, etwas Neues lernen. Der Satz: „Technik/ Mathe kann ich nicht" ist dabei eine Limitierung, die wir nicht weiter verfestigen sollten. Bitte streichen Sie diesen Satz aus Ihrem Wortschatz – heute würde man sagen, er ist „toxisch" – und für Lehrerinnen ist er gleich doppelt schädlich, da Sie ja Vorbild und „Ermöglicherin" sind.

Wie haben Sie eigentlich WhatsApp oder den Umgang mit Alexa und Co gelernt? Wahrscheinlich durch Ausprobieren, zeigen lassen, Wiederholen und manchmal durch einen produktiven Fehler, der Sie eine neue Funktion entdecken ließ. Diese lifestyle skills lassen sich teilweise übertragen in workplace skills: Wollen Sie Audiofeedback nutzen oder QR-Codes oder ein kleines Erklärvideo einsetzen? Beginnen Sie mit einem kleinen Schritt, der Sie ein wenig fordert.

Ich habe mir angewöhnt, in jeder Präsentation oder in jedem Webinar, das ich gebe, eine kleine Herausforderung einzubauen. Manchmal reicht es schon, das neue Mikro auszuprobieren, manchmal teste ich ein neues Präsentationstool, eine neue Feedback-App oder benutze ein anderes Videokonferenz-Tool. Für das nächste Mal möchte ich ausprobieren, wie es wirkt, wenn ich einen Teil der Präsentation vorab als Video aufnehme, das ich dann live abspiele, anhalte, kommentiere und für Interaktion nutze (entdeckt bei der mmhmm App[48]). Insbesondere für englischsprachige Seminare stelle ich es mir hilfreich vor, wenn ich den Inhalt vorentlaste und mich auf die Interaktion mit der Gruppe fokussieren kann. Um im DPACK-Modell zu sprechen: Ich suche neue Herausforderungen, die sowohl meine digital-pädagogischen als auch digital-inhaltlichen oder technischen Kompetenzen erweitern. Dabei lerne ich gleichzeitig, wie ich am besten lerne, und entwickle mehr Zutrauen in meinen digitalen Kompetenzen.

Meine neuen Erkenntnisse teile ich dann mit meinen Töchtern, die mir ihrerseits Dinge zeigen, z. B. wie man ein Slomo-Video dreht und wie man Stop-Motion-Filme macht. Dabei sind sie oft Expertinnen, erkennen aber mittlerweile an, dass ich in manchen Dingen auch Expertin geworden bin (nach der Idee der Zukunftsstunde für Familien im Buch „Das neue Land“ von Verena Pausder, vgl. S. 48).

48 Die mmhmm App ist kein Tippfehler, sondern ein Videokommunikationsunternehmen von All Turtles. https://www.mmhmm.app/de/home

4 Good practice

Welche Schulen gestalten den digitalen Wandel und wer treibt dort den Wandel voran? Wo gibt es gute Beispiele und Vorbilder für eine gemeinsam betriebene Schulentwicklung, hin zu einer Kultur der Digitalität? Insbesondere während der Jahre 2020 und 2021 mussten sich alle Schulen auf diesen Weg machen, da das Distanzlernen so wichtig wurde. Sogar der Deutsche Schulpreis der Robert Bosch Stiftung und der Heidehof Stiftung musste vor diesem Hintergrund neu gedacht werden. Die bisherigen Qualitätsbereiche entsprachen nun nicht mehr der aktuellen Schulrealität.

4.1 Interview mit Michael Schratz: Am Anfang war das schöpferische Chaos

Ich begebe mich auf die Suche nach den Veränderungen beim Schulpreis und spreche mit Michael Schratz (Erziehungswissenschaftler, Schulpädagoge und Professor an der Universität Innsbruck), dem Sprecher der Jury des Deutschen Schulpreises, über den Deutschen Schulpreis 20/21 Spezial.

Kati Ahl: *Der „Deutsche Schulpreis 20/21 Spezial" war ja ein besonderer Schulpreis, hervorgerufen durch die Lockdown-Situation an Schulen. Inwiefern haben Sie Ihre Qualitätsbereiche dadurch anpassen müssen oder auch die Kriterien zur Auswahl der Schulen?*

Michael Schratz: Ja, diesmal mussten wir unser Qualitätskonzept wirklich auf den Kopf stellen. Die Pandemie ist genau während der Ausschreibung des Deutschen Schulpreises ausgebrochen, und da standen für die Schulen natürlich ganz andere Sorgen im Vordergrund, als wir sie in der Breite der sechs Qualitätsbereiche vorgesehen hatten. Die Frage, die wir uns stellten, war: Was finden oder erfinden diese Schulen während des Lockdowns neu?

KA: Sie machten sich *also Gedanken darüber, welche innovativen Konzepte die Schulen gefunden haben?*

MS: So ist es. Wir wissen ja, dass Krisen auch gute Auslöser und Inkubator für Neues sein können. Und wir haben festgestellt: Das wurde von vielen Schulen entsprechend genutzt. Hier hat ein Virus etwas geschafft, was zehn Jahre Fortbildung nicht geschafft hätten: Alle Lehrkräfte wurden flächendeckend und gleichzeitig mit einer ganz neuen Situation konfrontiert und mussten ihren Unterricht auf Online-Vermittlung umstellen. Wir haben in dieser experimentellen Phase nur nach Erfahrungen gefragt. Es haben sich dann viel mehr Schulen beworben, als erwartet – was ja auch ein Zeichen ist.

KA: *Was könnte diesen Zuspruch ausgelöst haben?*

MS: Aus allen Rückmeldungen war ganz eindeutig herauszulesen: Die Schulen hatten nun etwas, was sie sich immer schon gewünscht hatten, nämlich mehr Autonomie. Normalerweise hat die Schulbehörde einen sehr starken Zugriff auf die Schulen bzw. hat den Rahmen recht klar vorgegeben. Im Lockdown war das gesamte System mehr oder weniger auf allen Ebenen mit seiner Neuorientierung beschäftigt. Für mich war es sehr beeindruckend, dieses Potential der Schulen zu erkennen, welches wir auch in Zukunft entsprechend nutzen sollten. Ich war immer schon der Meinung, dass es keine zentralen Lösungen für lokale Erfordernisse geben kann. Wir stellten uns also die Frage: Wie sollten wir die 360 unterschiedlichen Einreichungen von Schulen fair vergleichen? Sie waren in ihrer jeweiligen Darstellung so eigen wie ein Fingerabdruck.

KA: *Und Sie konnten 2020/2021 ja auch nicht hinfahren und sie sich ansehen.*

MS: Besuchen wie früher konnten wir sie nicht, aber wir haben all diese 360 Schulen per Videokonferenz kontaktiert – das war sehr beeindruckend. Es war nämlich emotional berührend, mit welchem Engagement diese Lehrkräfte und Schulen jeweils reagiert hatten. Wir haben uns dann jede Einreichung zum Wettbewerb ausführlich erklären lassen, um ein gutes Bild von jeder Schule – ihrer Motivation, ihrer Innovation – zu erhalten. Als Konsequenz daraus konnten wir thematische Cluster bilden und die Eckpunkte der verschiedenen Innovationen festhalten.

KA: *Welche Eckpunkte konnten Sie identifizieren?*

MS: Ein naheliegender Aspekt sind die digitalen Lösungen und die Vernetzung mit dem Umfeld der Schule. Die Schule kann das nicht alleine schaffen. Im Englischen gibt‘s in der Schulentwicklungsdebatte den Ausdruck Context matters. Der dritte Eckpunkt war die Teamarbeit im Kollegium. Dann identifizierten wir die pädagogischen Beziehungen als einen wichtigen Aspekt. Die Lehrer-Schüler-Beziehung, aber auch die Schüler-Schüler-Beziehung wurde ja radikal abgebrochen und durch Online-

Formate nur begrenzt aufgefangen. Dann das selbstorganisierte Lernen, weil die Schülerinnen und Schüler ja plötzlich auf sich selbst angewiesen waren. Die individuelle Förderung wurde ein weiterer Eckpunkt, weil wir wissen, dass jeder Mensch anders lernt. Und last but not least ging es um das Thema der Bildungsgerechtigkeit.

KA: *Wonach haben Sie die Preisträger ausgewählt?*

MS: Wir wollten dieses Mal eigentlich nicht einen einzigen Sieger küren, sondern möglichst viele Ideen finden. Die Stiftungen hatten mit dem Deutschen Schulpreis von Anfang an das Ziel, gute Schule in die Breite zu bringen. Das ist die dem Preis zugrundeliegende Motivation. Deshalb wollten wir auch nicht einen Hauptpreis ausloben, sondern sieben Preise vergeben, für jede der genannten Kategorien einen Preis. Wir wollten auch, dass die Bewerberschulen zu einem Austausch untereinander kommen und haben deshalb im Vorfeld der Preisvergabe ein digitales Camp organisiert, ein Schulpreis-Camp. Die Schulen haben sich dann in diesen sieben Themenbereichen ausgetauscht und voneinander gelernt; viele Schulen fanden das für sich eine sehr bereichernde Situation. Sieben Schulen wurden schließlich vom Bundespräsidenten ausgezeichnet.

KA: *Jetzt sind Sie ja schon sehr lange beim Deutschen Schulpreis dabei. Welche Schule, welches Konzept, welche Situation hat Sie denn noch einmal besonders berührt?*

MS: Es sind immer berührende Momente dabei, besonders dann, wenn ich als Wissenschaftler merke: Diese Schulen haben etwas gemacht, was ich mir selbst vorher gar nicht vorstellen konnte. Wir nennen das in der Wissenschaft ein Widerfahrnis. Es widerfährt einem etwas, was man bisher noch gar nicht erfahren hat, und man stößt dadurch auf Neues. Dazu gehörten beispielsweise Lehrkräfte, die erst einmal versucht haben, ihre Kinder vor Ort irgendwo zu finden, weil z. B. keine digitale Kontaktaufnahme möglich war. Dazu brauchten sie manchmal Dolmetscher; sehr mühsam stellenweise. Das sind schon Leistungen, die weit über das hinausgehen, was der klassische Dienst nach Vorschrift vorsieht. Ich hoffe, dass wir mitnehmen, wie wichtig diese persönlichen Beziehungen sind, dass Schule eben nicht nur ein Lernort, sondern ein Lebensort ist.

KA: *Wer konkret hat denn diese neuen Konzepte entwickelt?*

MS: Das lässt sich nicht so eindeutig beantworten. Am Anfang war an vielen Schulen das schöpferische Chaos ausgebrochen, wie es ein Schulleiter nannte. Eine Kollegin hat dann z. B. den Prozess in einem grafischen

Design aufgezeichnet, um allen einen Zugang zu den nächsten Schritten zu ermöglichen. Das hat mich sehr beeindruckt. Kreativität ist in einer Situation enorm notwendig, wenn die alten Konzepte nicht mehr greifen. An jeder Schule sind beeindruckende Sachen passiert. So etwas kann man auch nicht kopieren. Das ist an den Kontext der Schule gebunden. Die Frage lautete dann: Wie kommen wir aus so einem kreativen Chaos wieder heraus? Da gibt‘s kein Richtig und Falsch als Vorgabe!

KA: *Wie erhält man diese unglaubliche Innovationskraft? Das ist ja die Frage für die nächsten Jahre. Wie lässt sich diese Aufbruchsstimmung positiv nutzen?*

MS: Das ist die Gretchenfrage, die Sie stellen. Sie ist mir als Wissenschaftler auch ein Anliegen, und den Stiftungen ebenso. Hier ist auf jeden Fall Schulleitung mit Leadership gefragt. Das Problem ist: Krisen sind gute Auslöser, aber schlechte Lehrmeister. Das heißt, Krisen geben einen Anstoß, was viele Schulen auch berichtet haben, etwa: „Wir haben richtig Rückenwind bekommen!“ Aber die Richtung, die musste jede Schule selbst finden oder erfinden. Die klassischen Top-Down-Systeme können das nicht ermöglichen. Was wir gesehen und erlebt haben, das ist diese Kraft vor Ort, diese organisationale Energie, die es vielerorts gibt – und diese ist die Stärke im System. Sie in Zukunft zu nutzen und zu stärken, das wäre wichtig.

KA: *Sie haben sich selbst in einem Ihrer Bücher mit dem Thema „Haltung“ beschäftigt. Gerade was Technik und Digitalisierung angeht, gab es ja lange eine Technik-Skepsis, gerade an Grundschulen. Wie verändert man denn eine Haltung?*

MS: Ich habe mich mit dem Thema „Haltung“ vor allem bei Schulleitungen auseinandergesetzt, da es sehr wenig Literatur darüber gibt. Denn es ist ein Thema, das nicht so greifbar ist – ein momentanes Verhalten ist noch nicht ein Ausdruck einer Haltung. Haltung ist so etwas wie das Rückgrat, das Schulleitung sozusagen gerade und damit glaubwürdig hält. Situationen, die für Lehrerinnen und Lehrer schwierig zu entscheiden sind, weil es kein Richtig und Falsch gibt, finden ihre Auflösung häufig in der Haltung der Akteure, etwa bei der Entscheidung: „Führe ich jetzt Plattform A oder B ein?“ oder „Wie führe ich die Digitalisierung partizipativ ein?“ Wir wissen, Lernen erfolgt immer über Übung; bei der Aneignung einer ethischen Haltung ist es nicht anders. Ethos steht in der Philosophie für das Gelingen des Lebens, in unserem Fall für das Gelingen eines guten Schullebens. Nehmen wir solche Entscheidungssituationen her, zeigt sich, dass die Entscheidung selbst oft unbewusst getroffen wird, dahinter verbergen sich immer die alten Muster. Wie mache ich diese sichtbar? Wonach entscheide ich letztendlich, um ein einfaches Beispiel zu nehmen, ob ich den Jungen oder das Mädchen drannehme? Meine Studie zum Thema „Haltung" bei Schulleitungen habe ich mit einer großen Befragung begonnen, um im erfahrungsorientierten Sinne aus dem aktuellen Schulleben neue Erkenntnisse zu gewinnen. Auf diese bin ich schon neugierig.

4.1.1 Das männliche und das weibliche Gehirn – und die Mathematik

Kennen Sie Mai Thi? Im Lockdown hat sie vielen Menschen auf ihrem YouTube-Kanal MaiLab die Welt (der Chemie) erklärt. In ihrem Buch „Die kleinste gemeinsame Wirklichkeit" geht sie unter anderem der Frage nach dem Unterschied zwischen männlichen und weiblichen Gehirnen nach. Tatsächlich gibt es geringe Unterschiede in der Größe, der Konnektivität innerhalb und zwischen den beiden Hirnhälften. Allerdings können auch unterschiedlich strukturierte Gehirne zu denselben Verhaltensweisen führen. Darüber hinaus sind die Gemeinsamkeiten wesentlich höher als die Unterschiede.

Mai Thi Nguyen Kim folgert deshalb: „Es ist meist nur mit Vermutungen möglich, die Verhaltensunterschiede zwischen Frauen und Männern neurologisch zu erklären." (S. 270) Denn besonders erschwert wird eine eindeutige Zuordnung durch die Neuroplastizität. Alles verändert unser Gehirn. (Auch das Lesen dieses Buches.) Unsere Hirnsubstanz wird durch Lernerfahrungen verändert. Mai Thi: „Unser Verhalten entspringt unserem Gehirn und gleichzeitig verändert dieses Verhalten das Gehirn." (ebda. S. 259)

Es lässt sich also nicht differenzieren, welche Ursachen die Unterschiede in der ICILS Studie und der Digital Gender Gap haben. Allerdings gibt es Hinweise, die in die Zukunft gerichtet sind und aufzeigen, wie wir diese Lücke schließen können.

4.2 Interview mit Annika Klein: Medienscouts und Meinungsbilder

Annika Klein ist Lehrerin am Pius-Gymnasium Coesfeld, Mitglied der Schulleitung, Kunstlehrerin und Verfasserin der Sketchnotes zum Prozess der Digitalisierung 2020 - 2021.

Kati Ahl: *Wie sind Sie in Ihrer Schule im März 2020 in das Lockdown-Chaos gestartet?*

Annika Klein: Wir hatten schon vorher das „Team Medien" und waren eigentlich schon in dem Prozess, uns digital zu professionalisieren. Im November 2019 gab es z. B. eine lange Diskussion in allen Gremien zum Thema iPad. Es ging darum, ab wann wir das wie einführen wollen und wir hatten uns dazu durchgerungen, zu sagen: Ab der 10. Klasse dürfen Lernende ein iPad kaufen und im Unterricht benutzen. Dann kam der Lockdown als Schock. Alle waren zu Hause. Wir hatten das Glück, dass wir schon eine – wenn auch veraltete – digitale Lernplattform hatten, so dass jeder Schüler und jede Schülerin eine eigene E-Mail-Adresse hatte und wir auch schon Daten hochladen konnten. Und dann haben wir alle erstmal im Alleingang, so jeder für sich, versucht, diesem Chaos Herr zu werden – E-Mails, Videokonferenzen usw. Und auch auf Schülerseite entstand natürlich auch erstmal Chaos. Es war anfangs ein engagiertes Chaos. Ganz viele tolle Kollegen haben angefangen, sich auf den Weg zu machen. Aber was uns fehlte, war wirklich das Lehrerzimmer; dieser Austausch auf dem kurzen Dienstweg: *Wie hast du das denn gemacht? Wie war das bei dir?* Wir als Schulleitung haben überlegt, wie wir das strukturieren können. Wir haben eine sehr aktive Schulentwicklungsgruppe und eben das Team Medien, die das gemeinsam vorangetrieben hat.

KA: *Wie wurde aus dem Chaos ein gemeinsamer Lernprozess?*

AK: Wir haben uns digitale Wochenpläne zur Strukturierung überlegt, ein einheitliches Ordnungssystem, damit die Schülerinnen und Schüler das Material überall wiederfinden, es gab feste Videosprechstunden, wir haben uns Gemeinschaftsaktionen wie Kunst- und Sport-Challenges überlegt, die online stattgefunden haben oder hochgeladen werden konnten. Wir haben von Anfang an gesagt, dass das, was uns als Schule ausmacht, dieses Beziehungsgeschehen, weiter unser Schwerpunkt sein soll. Uns ging es weniger darum, Mathe-Experten und Englisch-Cracks hervorzubringen, sondern Schülerinnen und Schüler, die eigenverantwortlich, aber auch in Gemeinschaft lernen. Und dann haben wir uns einen Digi-Newsletter für Schüler, Schülerinnen und Lehrkräfte überlegt, damit wir immer auf dem Laufenden waren, wenn jemand zum Beispiel eine gute App gefunden hat. Wir haben Lern-Coaching über Videokonferenz und weitere Unterstützungsangebote angeboten. Ein Kollege kam auf die Idee einer digitalen Lehrer-Kaffeepause. Daraufhin haben wir uns zweimal die Woche zusätzlich zu der normalen Unterrichts-Pausenzeit zu 15 Minuten Kaffeepause getroffen. Dazu haben sich Kolleginnen und Kollegen mit ihrem Teebecher oder ihrer Kaffeetasse zugeschaltet.

KA: *Haben dabei alle Kolleginnen und Kollegen gleichermaßen mitgewirkt?*

AK: Es gab schon Unterschiede. Einige junge Kolleginnen haben z. B. ganz viele sehr detaillierte Erklärvideos gedreht, die den Schülern und Schülerinnen total geholfen haben. Das hat gleichzeitig ein bisschen Stress im Kollegium hervorgerufen. *Wann soll ich das denn noch machen?* Also haben wir im Netz gesucht, was wir für solche Zwecke verwenden können. Was man vielleicht noch als Hintergrund wissen muss: Wir haben in der Schule alles auf Apple umgestellt, das lief über unseren Schulträger, das Bistum Münster, und war vor drei, vier Jahren angelaufen. Ein dreiviertel Jahr nach Beginn der Pandemie hatten wir es geschafft, für jede Lehrkraft ein eigenes Dienstgerät, ein iPad zu bekommen, und konnten eine neue Teams-basierte Lernplattform einrichten. Während des zweiten Lockdowns haben wir dann Online-Schulungen für Kolleginnen und Kollegen angeboten und uns da digital getroffen, um das überhaupt auszuprobieren und zu verstehen, wie das funktioniert.

KA: *Sie haben da ja in Ihren Sketchnotes so schön treffend gezeichnet, wie sich Ängste und Motivationstiefs begegnen. Wie ist es Ihnen gelungen, Kolleginnen und Kollegen an digitale Tools heranzuführen?*

AK: Also ich glaube, dass tatsächlich als erstes – auf einer ganz niederschwelligen Ebene – diese digitale Kaffeepause für den Einstieg gesorgt hat. Dort konnte jeder ganz kurz irgendeine, auch eine „blöde" Frage stellen, und dann gab es drei, vier Leute, die auch schon mal das Problem hatten und helfen konnten. Aus dieser Erfahrung heraus haben wir eine Erste-Hilfe-Sprechstunde für Kolleginnen und Kollegen eingerichtet. Die wurden von Expertinnen und Experten aus den TV-Medien angeboten, die sich eine Stunde wöchentlich online oder auch jetzt in Präsenz zur Verfügung stellen. Man kann seine Probleme vorher anmelden, damit sich die Expertinnen und Experten vorab selbst informieren können.

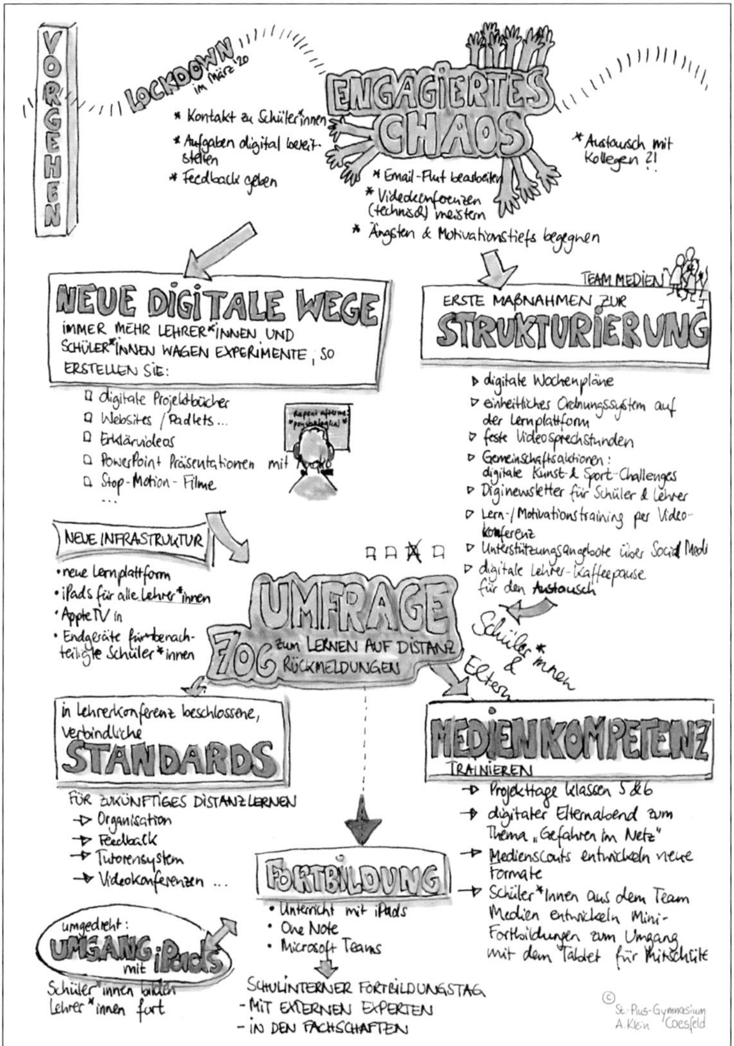

Abb. 8: Sketchnote zum Prozess der Digitalisierung (Grafik: Annika Klein)

Ängste bei der Einführung der iPads gab es häufig vor allem bei älteren Kolleginnen und Kollegen. Wir haben dann begonnen, zu zeigen, wo man das Gerät ein- und ausschaltet, wie man etwas abspeichert usw. – also wirklich ganz niederschwellig und auch in einem geschützten Raum, in dem die Kolleginnen und Kollegen total dankbar waren, dass sie das so lernen konnten.

KA: *Die Experten und Expertinnen, sind das Männer und Frauen?*

AK: Das war bei uns gemischt, die Hauptakteure waren sogar mehr Frauen. Wir haben zwar erlebt, dass gerade die Kolleginnen Ängste hatten, aber wir haben auch Männer mit Berührungsängsten. Ich fand sogar, dass sich vor allem die jüngeren Kolleginnen noch mehr reingefuchst haben als Männer. Grundsätzlich hat es allen geholfen, dass wir von Anfang an die Ängste ernst genommen haben; nicht nur was das Technische angeht. Es gab z. B. auch ein paar Kollegen, die dem Ganzen sehr kritisch gegenübergestanden, wie etwa ein Deutsch-Kollege, der befürchtete, dass die Handschrift verloren geht. Wir hatten ja im Vorfeld eine Abfrage im Kollegium zu Chancen und Risiken von iPads im Unterricht durchgeführt. Eine Hauptsorge des Kollegiums galt dem Verlust von Kontrolle. Es ging um die Sorge, dass die Schülerinnen und Schüler ihre Information irgendwoher holen und man gar nicht mehr weiß, ob sie die Hausaufgaben selbst gemacht haben oder nicht, oder ob sie im Unterricht gerade Fortnite spielen oder wirklich zuhören. In dieser Umfrage haben wir auch Schülerinnen, Schüler und Eltern befragt und im Abgleich mit den Ergebnissen unseren Schulentwicklungsplan ein bisschen abgeändert. Das Thema Kontrollverlust ist jetzt zum Beispiel Thema in der Schulentwicklungsgruppe. Wir befassen uns dort mit der Frage: Was bedeutet das eigentlich, wenn wir jetzt ein iPad im Unterricht nutzen? Und wir haben festgestellt: Weil die Oberstufe komplett ausgestattet ist, brauchen sie gar keine Kopien mehr. Wie gehen wir mit dieser neuen Situation um, und was bedeutet das für den Unterricht? Wichtig ist, dass wir so viele Menschen wie möglich auf dem Weg zu mehr Digitalität in der Schule mitnehmen und dass diese sich auch mit ihren Ängsten und Sorgen ernst genommen fühlen.

KA: *Wie stellen Sie denn sicher, dass später die iPads nicht wieder verstauben und diese Entwicklung wieder zurückgenommen wird?*

AK: Wenn wir uns heute die Realität im Unterricht angucken, ist die Sorge insofern unbegründet, als dass die Schülerinnen und Schüler ja nicht stehengeblieben sind. Ab Klasse 9 sind jetzt alle Jugendlichen mit einem iPad ausgestattet. Einzelne, die keines hatten, haben wir von der Schule aus mit einem Gerät ausgestattet. Und wir haben jetzt dieses Medien-Team mit Lehrern, Schülerinnen, Schülern und Eltern aufleben lassen. Das sind sechs Schülerinnen und Schüler, sechs Elternteile, sechs Kollegen. Die Schülerinnen und Schüler wollen nicht mehr zurück zu der Vor-iPad-Zeit, das ist ganz klar. Wir Lehrkräfte haben dieses Dienstgerät, sodass wir als Schulleitung jetzt auch erwarten, dass sich damit auseinandergesetzt wird. Die WLAN-Infrastruktur ist allerdings ein Problem, weil einige Gebäudeteile wirklich ganz schlecht angebunden sind, wir improvisieren müssen. Das führt wiederum zu Frust bei Eltern, Schülerinnen und Schüler. Spannend fand ich, dass der Schülersprecher in der Schulkonferenz zu diesem Thema geäußert hat, er würde sich ein bisschen mehr Vertrauen mancher Kollegen in die Schülerinnen und Schüler wünschen. Denn ob jetzt jemand früher im Heft Käsekästchen oder Schiffe versenken gespielt hat oder im Schulbuch gekritzelt hat oder jetzt halt Fortnite auf dem iPad guckt, das wäre kein Unterschied. Dieses Verhalten läge ja in der Verantwortung der Schülerinnen und Schüler – und denen sollte man doch mehr Vertrauen entgegenbringen.

KA: *Wie geben Sie denn das Wissen zu einzelnen Tools weiter?*

AK: Es gab eine Liste an Tools, die alle abzuarbeiten hatten, die Klassenlehrkräfte und die Medienscouts der Schülerschaft, die auch die anderen Schülerinnen und Schüler unterrichten. Außerdem ist es ja so, dass digitale Medien in letzter Zeit auch andere Lernformen begünstigt haben. Das Team Medien überlegt jetzt: Was sind eigentlich andere asynchrone, lernförderliche Aspekte, die das offenere Lernen, projektorientiertes und fächerübergreifendes Lernen durch Digitalisierung ermöglichen?

KA: *Ist das iPad eigentlich ein Heftersatz?*

AK: Ich selber unterrichte ja Kunst. Als die ersten Schüler kamen und auf dem Tablet zeichnen wollten, war ich im ersten Moment skeptisch. Aber mit dem Apple Pencil kann man ja wirklich genial zeichnen, auch Schattierungen durch den Druck mit Bleistift imitieren. Wir nutzen das teilweise, es gibt aber auch die Phasen, in denen mit Bleistift auf Papier gearbeitet und mit Radiergummi radiert wird. Es geht uns letztendlich um guten Unterricht, es geht nicht um Digitalisierung zu jedem Preis. Wir streben den Konsens an. Wenn die Evaluationen uns zurückspiegeln, dass die Schüler gut zurechtkommen, die Eltern es gut finden und auch die meisten Kollegen die Entwicklung mittragen können, gehen wir einen Schritt weiter und machen eine gute Erfahrung zur Regel.

KA: *Bei Ihnen kann man den Prozess sehr anschaulich nachvollziehen, auch durch diese Visualisierung in den Sketchnotes.*

AK: Wir hatten anfangs eine Phase, in der die Schülerinnen und Schüler den Lehrkräften erklärt haben: Sie müssen da auf Airdrop drücken, um das Dokument zu versenden. Das habe ich als gewinnbringend erlebt, dass die Schülerinnen und Schüler uns was beibringen können. Wir hatten 2018 schon einmal eine schulinterne Fortbildung und haben dazu die Schüler-Medienscouts eingeladen: *Ihr seid heute unsere Fortbildnerinnen und Fortbildner und wir möchten eure digitale Welt kennenlernen.* Und dann mussten alle Kolleginnen und Kollegen eine Runde Fortnite spielen, alle mussten sich mit Bibis Beauty Palace und den YouTubern, die gerade en vogue waren, auseinandersetzen; sie haben noch mal erklärt bekommen, was Snapchat ist. Selbst die Praktikantinnen und Praktikanten und die Referendarinnen und Referendare, die dachten, sie seien voll up to date, waren erstaunt, wie viele neue Dinge sie gelernt haben. Schülerinnen und Schüler haben ja ihre digitale Realität, und das ist auch wichtig, dass wir da dranbleiben. Ich muss die privat nicht gut finden und es muss nicht zu meinem privaten Hobby werden, aber wir Lehrerinnen und Lehrer sollten in etwa wissen, was die da machen!

Folgende Elemente hat diese Schule sehr anschaulich und erfolgreich angewendet, um sich gemeinsam weiterzuentwickeln:

1. Beteiligung aller Lehrkräfte durch Meinungsbilder und Diskussionen, zielgerichtete Evaluationen.
2. Aufkommenden Widerstand ernst nehmen, Sorgen und Bedenken nachgehen und weiterverfolgen.
3. Perspektiven von Lernenden und Eltern einholen, aufgreifen und in Beschlüsse einfließen lassen (Meinungsbilder).
4. Unterstützungsangebote machen, z. B. Sprechstunden, kleinschrittige Einführungen, Fortbildung parallel zur Ausstattung.
5. Schrittweise eingeführte Verbindlichkeiten zu Standards und verbindlichen Tools, im Tempo an das Kollegium angepasst.
6. Evaluationen zu Nutzung und Erfahrungen.
7. Beteiligung der Eltern und der Lernenden (Medienscouts).
8. Neugier auf digitale Lebenswelten der Lernenden.
9. Neugier auf die Veränderung von Lehren und Lernen.

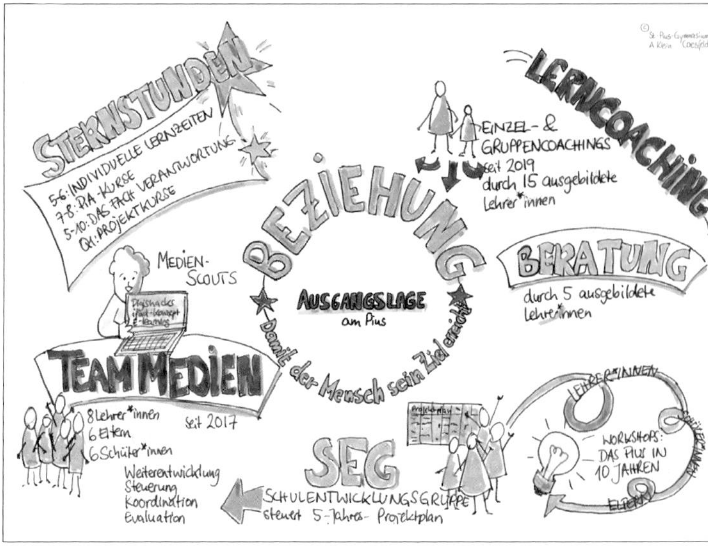

Abb.9: Sketchnote zum Prozess der Digitalisierung (Grafik: Annika Klein)

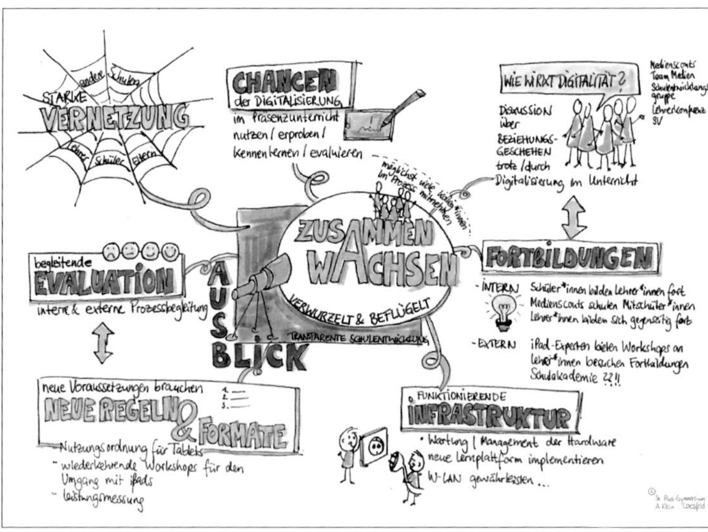

Abb. 10: Sketchnote zum Prozess der Digitalisierung (Grafik: Annika Klein)

4.3 Interview mit Micha Pallesche und Claudia Pangh: Mädchen und die SenseBox

Micha Pallesche ist Schulleiter der preisgekrönten Smartschool Ernst-Reuter-Schule in Karlsruhe. Dort habe ich während einer Hospitation das Wunderland und den Makerspace der Schule besucht und den Schulleiter sowie die IT-Beauftragte der Schule, Claudia Pangh, interviewt.

KA: *Frau Pangh, sind es die Kollegen an Ihrer Schule, die die Digitalisierung vorantreiben? Oder mischen auch Frauen mit?*

Claudia Pangh: Diese Schule ist die erste, an der ich keine stereotype Geschlechterverteilung hinsichtlich Technik, Software oder Digitales wahrnehme. Im Gegenteil. Auch männliche Kollegen kommen zu mir und lassen sich beraten und lassen sich Dinge zeigen oder einrichten. An allen Schulen, wo ich vorher war, war es aber tatsächlich eher so gendertypisch. Als ich 1999 die Ausbildung zur Netzwerk-Beraterin begann, war ich die einzige Frau unter lauter Männern. Da war ich die ersten zwei Tage eingeschüchtert und dachte *Oh Gott, die wissen alle viel mehr als ich, die können das alles schon.* Und irgendwann habe ich gemerkt, dass die alle auch nur mit Wasser kochen. Ich habe den Eindruck, dass das für viele Männer so ein Triggermoment ist, wenn Technik im Spiel ist; bei dem springen sie dann ganz schnell drauf. Und wenn das so ist, dann geht es meistens um diese technischen Features, weniger um eine didaktische Anwendung oder die Frage: In welchem Kontext nutze ich die Dinge?

KA: *Wie stellt sich das in Ihrer Schule heute dar?*

CP: Wir haben hier im Kollegium eine andere Kultur. Es geht nicht um die Technik um der Technik willen, sondern es geht darum, technische Werkzeuge, Instrumente sinnvoll einzusetzen. Man muss sich zunächst die Ziele überlegen und erst in einem zweiten Schritt die Frage nach dem Tool oder Medium stellen, das bei einem Ziel weiterhelfen kann.

KA: *Wie sieht die Verteilung der weiblichen und männlichen Lehrkräfte aus, auch bezüglich der Leitungspositionen?*

Micha Pallesche: Bei uns besteht das Kollegium etwa aus einem Drittel männlicher Lehrpersonen und aus zwei Dritteln weiblicher. Konkret haben wir eine Schulleitung aus zwei Personen, zwei Männer in diesem Fall. Wir verstehen uns als primus inter pares. Bei uns geht es vor allem um die Sache und um eine gemeinsame Vision. Bei der Frage, wo wir eigentlich hinwollen, sind wir in einem offenen und aktiven Diskurs und entwickeln uns gemeinsam und sehr transparent weiter; auch in dem, was wir digital machen. Und bezeichnender Weise haben wir mit Frau Pangh eine Lehrerin als unsere Netzwerk-Administratorin.

KA: *Was bedeutet Lernen in einer Kultur der Digitalität für Sie?*

MP: Das Entscheidende ist für mich der Blick auf die veränderten kulturellen Praktiken, uns geht es um eine Produkt-Orientierung im Unterricht. Wir arbeiten anders. Die Lernenden müssen ihre Informationen selber generieren, und natürlich kann man mit digitalen Medien recherchieren, aber auch ohne. Letztendlich geht es um veränderte Arbeitsweisen und Arbeitsmethoden.

KA: *Dabei spielt Gender an Ihrer Schule keine Rolle mehr?*

CP: Ich habe gerade mal drüber nachgedacht, was Lehrerinnen und Lehrer unterscheidet. Ich glaube, viele Männer haben sich ihr Wissen so erarbeitet, dass sie fasziniert waren und einfach eben spielerisch rumprobiert haben und durch Trial-and-Error den Umgang mit Geräten und Programmen gelernt haben. In diesem Zugang zur Technik liegt wahrscheinlich ein Unterschied zwischen den Geschlechtern. Das habe ich mir übrigens abgeguckt. Wenn ich was Neues sehe, probiere ich es aus, und irgendwann merkt man ja auch, dass viele Programme und Tools ähnlich strukturiert sind. Ich glaube, da waren Frauen bisher oft zurückhaltender und trauten sich nicht so richtig ran, aus Angst, sie könnten ja was kaputt oder falsch machen.

KA: *Haben Sie ein konkretes Beispiel?*

CP: Man konnte das bei uns beobachten, als wir begannen, mit Padlets zu arbeiten. Vor der Pandemie war diese digitale Pinnwand noch unbekannt. Drei Kollegen haben irgendwann gesagt *Es gibt da eine coole Sache, damit sollten wir arbeiten.* Einige haben dann auch sofort losgelegt, aber gerade einige weniger technikaffine Kolleginnen reagierten erst zögernd und haben sich langsam herangetastet. Das war so ein Art Über-die-Schulter-gucken: Wie machst du das? Das ist ganz oft ein Weg, wie sich bei uns Neuerungen oder neue technische Features verbreiten.

KA: *Manche Frauen beklagen, dass Männer ihnen technische Inhalte teilweise herablassend erklären. Haben Sie den Eindruck, es macht einen Unterschied, dass Sie als Frau in dieser Rolle sind, dass Sie vielleicht auch eher gefragt werden? Haben Sie als Frau da eine Vorbildrolle?*

CP: Also hier an der Schule beobachte ich nicht, dass Kollegen solche Attitüden haben. Ich kenne das aber von anderen Schulen. Ich habe das schon so erlebt und ich weiß, was Sie meinen. Das ist schon zutreffend, dass es durchaus männliche Kollegen gibt, die da so einen Distinktionsgewinn aufbauen und zeigen: *So, ich bin der Durchblicker, und Mädel, du hast ja keine Ahnung von Technik.* Aber was ich bei mir selber auch beobachten kann, ist, dass ich wirklich versuche, den Lehrkräften Technik schrittweise und laienhaft zu erklären. Ich habe auch kein Interesse daran, Kolleginnen und Kollegen mit komplizierten Inhalten zu bombardieren, die ihnen nicht weiterhelfen. Es gibt keine Hürde, mich anzusprechen.

KA: *Waren Sie schon als Kind wagemutiger und digital kompetent?*

CP: In der elften Klasse Ende der 1980er Jahre gab es bei uns im Gymnasium das Wahlfach Informatik. Ich hatte keinen Computer zu Hause, aber ich fand das Thema spannend. Also habe ich mich am Informationstag am Ende von Klasse 10 angemeldet und bin hingegangen. Und dann wurde ich von dem Mathelehrer begrüßt mit der Haltung *Was willst du hier?* Also außer mir waren natürlich lauter Jungs im Informatikkurs. Der Lehrer hat als Einstiegs-Beispiel die Kreiszahl PI programmiert und eine Stunde lang erklärt, wie man irgendein Programm schreibt, um PI zu programmieren. Und damit war ich natürlich abgehängt, denn das war das erste Mal, dass ich überhaupt Kontakt mit einem Computer hatte. Die Botschaft war in etwa: *Mädel, vergiss es, du hast keine Ahnung, du kennst dich nicht aus, du hast keinen Computer zu Hause stehen.*

KA: *Ist Programmieren wichtig? Muss man heute verstehen, wie ein Algorithmus funktioniert?*

CP: Dem Gedanken kann ich mich schon anschließen. Diese Grundidee von Programmieren, die man ja zum Beispiel mit einfachen Mitteln wie Scratch schon vermitteln kann, die halte ich absolut für notwendig. Das würde ich als eine Art digitale Literalität ansehen, auch um Vorgänge in der digitalen Welt zu entmystifizieren und sich klar zu machen, dass an irgendeiner Stelle immer jemand sitzt, der in einer bestimmten Hinsicht ein Programm, einen Algorithmus programmiert hat, weil er bestimmte Ziele verfolgt. Das ist eine Grunderkenntnis, die zur Grundbildung dazugehört.

MP: Ich teile genau diese Ansicht. Diese Haltung und auch diese Kompetenz ist von zentraler Bedeutung. Wir nutzen ja wirklich täglich digitale Geräte, Smartphones oder Tablets. Und es ist wie eine Blackbox. Wir wissen ja gar nicht, was dort drin passiert. Ich bin davon überzeugt, dass es total wichtig ist zu verstehen, welche Abläufe passieren. Total spannend und relevant ist auch, dass man dadurch eine positive Fehlerkultur lernen kann. Uta Hauck-Thum an der Uni München beforscht übrigens gerade die Frage: Kann Informatik und Programmieren zu einer positiven Fehlerkultur führen? Denn beim Programmieren habe ich automatisch immer Fehler drin, und die muss ich halt debuggen. Man muss ständig Fehler suchen. Das läuft in Schleifen ab und ist ein völlig normaler Prozess. Wenn wir also Fehler als etwas völlig Normales ansehen und sie ständig rausprogrammieren, könnten wir dadurch unser Verhältnis zu Fehlern verändern. Das finde ich einen spannenden Ansatz, der auch dafürsprechen würde, dass man durchaus Programmierkenntnisse haben sollte, um vielleicht auch zu einer andere Fehlerkultur zu kommen, was wiederum zur Veränderung von Lernen im anderen schulischen Kontext führen kann.

CP: Ich würde noch einen weiteren Zusammenhang nennen. Deutsch ist mein Fach, und ich sehe ganz klar einen Zusammenhang zwischen Lesekompetenz und Programmier-Kompetenz, weil Programmieren eine Sprache und letztendlich ein Regelsystem mit logischen Verknüpfungen ist, das man anwenden muss. Das ist wie beim Lesen, wenn ich im Text Kohärenz herstellen und mir ein grammatisches Regelsystem erschließen muss. Die Kinder, die sich beim Lesen schwertun, die haben auch mit solchen Programmier-Aufgaben immense Schwierigkeiten, weil eben genau diese strukturierte Herangehensweise an Regeln und Zeichen fehlt. Da würde ich mir von mehr digitaler Kompetenz auch einen positiven Effekt erhoffen.

KA: *Interessant! Dann müssten ja Mädchen beim Programmieren Vorteile haben, weil sie in den Lese-Studien viel besser abschneiden?*

CP: Ja, aber damit sich dieser Vorteil auch auswirken kann, brauchen wir wirklich reine Mädchen-Gruppen. Wenn man in gemischten Gruppen programmiert, dann gibt es oft Jungen mit Imponiergehabe, die sich in den Vordergrund drängen – selbst dann, wenn sie teilweise keine Ahnung haben. Die Mädchen ziehen sich dann zurück. Ich hatte vor zwei Jahren hier eine Mädchengruppe, die auch programmiert hat. Mit ihnen habe ich einfache Sachen gemacht, z. B. den Turtle Coder. Die Mädchen sind darauf richtig angesprungen, eben deshalb, weil sie unter sich waren, weil sie in Ruhe ausprobieren konnten und für sich entdeckt haben, was die Grundidee dahinter ist und dass sie beeinflussen können, was diese Software tatsächlich ausführt.

KA: *Hier liegt tatsächlich ein Unterschied zwischen Männern und Frauen. Frauen sind in den Studien-Ergebnissen weniger digital kompetent, weil sie natürlich im Moment noch weniger Praxis haben, aber sie schätzen ihre Fähigkeiten dazu auch noch schlechter ein. Da liegt die Frage nahe: Brauchen wir in der Schule im Bereich Digitalisierung genderspezifische Angebote? Wie ist das an Ihrer Schule?*

MP: Wir hatten vor drei Jahren einen Hacker School Day organisiert, bei dem die ganze Schule programmiert hat. Ich finde total wichtig, dass genau solche Dinge im Kontext Schule stattfinden, denn in außerschulischen Kontexten schicken ja eigentlich immer dieselben Eltern ihre Kinder hin, nämlich die aus bildungsnahen Elternhäusern. Diese Eltern wissen vielleicht, wie wichtig das Programmieren ist. Aber in der Schule haben wir eben alle Kinder. Wir haben Kinder aus bildungsfernen Elternhäusern, wir haben die Mädchen hier, und jeder sollte mit diesem Thema Kontakt haben. Und die Beobachtung, die ich damals gemacht habe, fand ich äußerst spannend!

KA: *Was war Ihre Beobachtung?*

MP: Es gab damals unterschiedliche Workshops zum Programmieren. Bei manchen Workshops wurde z. B. ein Roboter programmiert, das haben viele Jungs gewählt. Der konnte nach links und rechts fahren, das war etwas zum Anfassen, das fanden die Jungs ganz toll. Das war für die total greifbar, und das fanden sie einfach super. Während die Workshops mit der SenseBox tatsächlich zu 70 oder 80 Prozent mit Mädchen belegt waren. Dazu muss man wissen, das ist einfach eine Platine, Arduino mit verschiedenen Eingängen. Mit der kann man Umweltdaten messen. Man kann z. B. den CO2-Gehalt in der Schule messen außerhalb, wo Autos fahren. Das fanden die Mädchen total spannend. Diesen gesellschaftlichen Bezug, die Relevanz zu erkennen in dem was man tut, das war für Mädchen wichtig, und das hat sich tatsächlich in der Workshop-Auswahl widergespiegelt – eine spannende und neue Beobachtung für mich. In dem Workshop mit dem Roboter, der sich bewegt, haben die Mädchen sich eher gefragt: Was soll das?

KA: *Laut Gleichstellungsbericht 2021 sind in der Digitalbranche nur 17 Prozent Frauen beschäftigt. Was brauchen wir für die Schülerinnen, für die weiblichen Arbeitskräfte der Zukunft, damit sie unbeschwerter auf digitale Technik zugreifen und damit sie zuversichtlich sind und spüren: Das kann ich, das habe ich in der Schule gelernt?*

MP: Die Antwort auf Ihre Fragen könnte genau in der Beobachtung liegen, dass Mädchen einen anderen Sinnzusammenhang brauchen als Jungen. In dem Moment, in dem sie den Sinn erkennen, verspüren sie sicherlich auch eine andere Motivation. Wenn man es jetzt mal ganz anders denken würde, und wenn man diese Überlegung integrativ in die Fächer übernehmen möchte, dann sind wir im Bereich Computational Thinking. Es geht um Denkstrukturen, wie denkt eine Maschine oder ein Roboter? Ich weiß zum Beispiel von der Hacker School, dass es auch Programmier-Workshops mit Schokobons gibt. Da geht es überhaupt nicht um die Technik, sondern es geht einfach nur ums Legen. Ich erinnere mich an Inklusionskinder, die einfach, weil sie schlecht gesehen haben oder nicht mit mobilen Endgeräten umgehen oder programmieren konnten, oft bei mir im Unterricht vor dem Zimmer auf dem Boden Pfeile ausgelegt haben mit Anweisungen. Da hieß es Gehe zwei Schritte nach vorne, drehe nach rechts. Ich finde diesen Gedanken total spannend, Teile des Computational Thinking in Selbstlernphasen einzubauen, um so ein Grundverständnis zu schaffen.

KA: *Was können wir von Dänemark lernen? Es gab ja gerade diese Dänemark-Reise des Forums Bildung Digitalisierung. Nehmen die Lehrkräfte dort eigentlich die Mädchen mit?*

MP: Die Frage kann ich nicht im Detail beantworten. Was ich aber bei meinen Besuchen in Dänemark tatsächlich wahrnehme, ist, dass man bei den Transformationsprozessen von Schule festgestellt hat, dass ganz viele Dinge dazukommen. Schule muss ja immer noch dieses leisten und jenes leisten und das auch noch. Dänemark hat dafür radikal Inhalte aus dem Bildungsplan gekürzt, um Zeit zu schaffen. In dem Zusammenhang habe ich eine Schule in Dänemark im Blick gehabt, die hat zum Beispiel diese 21. Century Skills im Stundenplan verortet. Ich fand es interessant, dass es auf einmal Zeit und Raum dafür gibt. Da sind wir in Deutschland leider ganz schlecht drin, das haben wir ja bei der Umstellung von G9 auf G8 gesehen. Es gibt aber nun einmal neue Kompetenzen, die wir brauchen. Und dafür müssen alte Dinge an der einen oder anderen Stelle wegfallen. Das gelingt Dänemark ganz gut. Auch dieses längere gemeinsame Lernen ist sicherlich ein ganz relevanter Aspekt. Und was ich als dritten Aspekt in Dänemark spannend finde, ist das Thema Orte und Räume. In Dänemark wird im Bildungskontext ganz viel Wert auf Architektur gelegt.

KA: *Frau Pangh, wenn Sie an Ihre letzten Schulen denken, von denen Sie eingangs berichtet haben. Wie können Sie Lehrkräfte, auch die kritischen oder weniger technikaffinen Lehrkräfte besser ins Boot holen? Welche Tipps können Sie geben?*

CP: Das Kollegium muss als Team in den Diskussionsprozess einsteigen. Es sollte sich fragen: Wie stellen wir uns Unterricht und das Schulleben vor, und wie wollen wir das gestalten? Welche Ziele wollen wir erreichen? Und ich glaube, wenn diese Zielsetzungen klar sind, dann liegt der nachgeordnete Schritt darin, sich das notwendige technische Wissen zu organisieren; durch Fortbildung oder durch Experten von innen oder von außen.

KA: *Micha, du bist Vater einer Tochter, wenn du in die Zukunft schaust und überlegst, was sie in der Schule erleben soll: Was würdest du dir in Bezug auf digitale Mündigkeit für sie wünschen?*

MP: Wir müssen uns überlegen, was digitale Mündigkeit heißt. Aber abgesehen davon: Ich bin ja ein Vertreter der Kultur der Digitalität. Meine Tochter sollte also diese kulturellen Praktiken können, und sie sollte sie nutzen, um gemeinschaftlich und kreativ komplexe Probleme zu lösen. Und da würde ich mir wünschen, dass eine Schule genau diese Dinge aufgreift. Meine Tochter braucht auch Kenntnisse, um zu verstehen, was Algorithmen sind. Sie muss verstehen, warum und wie sie Informationen filtert, muss erkennen, was gute Informationen und was keine guten Informationen sind. Sie muss folglich bewerten können und verstehen, warum die ersten drei Treffer bei Google vielleicht nicht die wirklich relevantesten sind, weil da vielleicht Algorithmen im Hintergrund operieren, die das Ganze lenken oder vielleicht sogar bezahlt sind. Und wenn sie das alles versteht und kann, dann denke ich, ist sie digital mündig.

KA: *Was brauchen die Lehrkräfte, um digital mündig zu werden?*

MP: Eine Lehrkraft braucht letztendlich genau dasselbe. Aber das sind Kompetenzen, die haben sie nie gelernt. Das haben sie nicht in ihrer Ausbildung gelernt, das lernen sie eigentlich auch in ihrem Leben ganz oft nicht. Wir sind ja selber noch immer Suchende, gerade in der digitalen Welt. Das heißt, wir müssten eigentlich Lehrerinnen und Lehrer befähigen, in dieser Welt zurechtzukommen, diese Kompetenzen, diese agilen Arbeitsmethoden, die ich auch genannt habe, selber zu lernen – und das kann oft nur dann funktionieren, wenn es von der Schulleitung initiiert ist.

Folgende Gelingensfaktoren zeichnen die Ernst-Reuter-Schule aus:

- Partizipation auf allen Ebenen, gemeinsame Weiterentwicklung.
- Eine Kollegin als Netzwerkadministratorin.
- Öffnung der Schulen nach außen, ins Quartier und in die Welt.
- Eine Kultur des Voneinander- und Miteinander-Lernens, auch digital.
- Raum für Vorab- und Anschluss-Reflexionen.
- Kritisches Denken wie „Was kann gekürzt werden?“.
- Eine gemeinsame Schulvision.

Manche dieser Aspekte haben gar keinen Genderfokus. Es lässt sich aber feststellen, dass eine Schule, die gut kooperiert und durch eine gemeinsame Vision geeint ist, auch die Lehrerinnen „besser abholt“ und damit einige hemmende Faktoren ausgleichen kann.

4.4 Interview mit Uta Hauck-Thum: Zeitgemäß lernen statt digitaler Bildung

Uta Hauck-Thum lehrt als Professorin der Grundschulpädagogik an der Ludwig-Maximilian-Universität München mit dem Schwerpunkt veränderte Lehr-Lernprozesse. Sie blickt kritisch auf den Gender-Fokus. Ihre Erfahrungen mit Studierenden unterscheiden sich von den bisherigen Aussagen.

Kati Ahl: *Sie kommen ursprünglich aus der Deutsch-Didaktik, sind Sie eher sprachbegabt oder technisch begabt?*

Uta Hauck-Thum: Ich interessiere mich für Interaktion, für die zwischen Menschen ebenso wie die zwischen Mensch und Maschine. Ich würde in diesem Zusammenhang das Analoge vom Digitalen auch nicht trennen oder gar gegeneinander ausspielen. Kinder müssen grundsätzlich beim Erwerb von Sprache unterstützt werden. In einer zunehmend digitalen Welt sollten sie in der Lage sein, mit verschiedenen Akteuren und Akteurinnen zu kommunizieren und analoge wie digitale Medien kompetent zu nutzen.

KA: *Für diesen kompetenten Umgang von Kindern braucht es ja kompetente Lehrkräfte. Begegnet ihnen im Grundschulbereich Widerstand gegen digitale Bildung? Und besteht ein Unterschied zwischen weiblichen und männlichen Lehrkräften?*

UHT: Den Studierenden, mit denen ich arbeite, egal ob Frauen oder Männer, wird in den Seminaren meist schnell klar, dass mit digitaler Bildung gar keine instrumentelle Auseinandersetzung mit digitalen Tools gemeint ist, der sie mitunter kritisch gegenüberstehen. Sie lernen im Studium also nicht, herkömmlichen Unterricht digital zu optimieren. Vielmehr rege ich sie dazu an, gemeinsam Lehr-Lernprozesse zu planen und umzusetzen, die dazu beitragen sollen, dass Kinder zukunftsrelevante Kompetenzen erwerben.

KA: *Höre ich da eine Kritik heraus?*

UHT: Nun, der Begriff der digitalen Bildung wird von den Akteuren und Akteurinnen, die am Diskurs beteiligt sind, nicht einheitlich verwendet. Leider steht oft der technokratische Gedanke im Vordergrund. Digital wird als Eigenschaft von Technologien verstanden. Damit lassen sich gute Geschäfte machen.

KA: *Sie sagten, dass es bei Ihnen keine genderspezifischen Unterschiede in der Herangehensweise gebe. Dabei haben Sie ja 90 Prozent weibliche Lehramtsstudentinnen im Grundschulbereich.*

UHT: Menschen haben grundsätzlich Schwierigkeiten, ihre bestehenden Vorstellungen von Schule und Unterricht hinter sich zu lassen. Das ist nicht genderspezifisch. Vielmehr gehen diese auf ihre Erfahrungen aus der eigenen Schulzeit zurück. Bestimmte Muster und Strukturen lassen sind nur schwer überwinden. Schule neu zu denken heißt nicht nur, mit modernen Geräten zu arbeiten wie gewohnt. Vielmehr gilt es, Schule vor dem Hintergrund einer veränderten kulturellen Rahmung grundlegend zu verändern. Dazu zählen Lehr- und Lernprozesse ebenso wie Organisationsstrukturen, Themen, Lernorte und Prüfungsformate.

KA: *Heute gab es einen Tweet im Twitterlehrerzimmer: Verschläft die Schule als gestriger Ort den digitalen Wandel der Gesellschaft?*

UHT: Wenn wir von Grundschulen sprechen, haben wir den Wandel nicht verschlafen, sondern uns tatsächlich bewusst dagegen entschieden. So wurde beispielsweise im Jahr 2015 beschlossen, dass es vor dem Jahr 2022 kein WLAN an Münchner Grundschulen geben soll. Dabei war der Elternwille ein Aspekt, eine bewahrpädagogische Haltung spielte eine Rolle mit der Vorstellung von Grundschule als medienfreier Raum.

KA: *Dabei nehmen ja auch schon junge Kinder an der digitalen Welt teil.*

UHT: Ja, und genau darum geht es. Um Teilhabe und um Bildungsgerechtigkeit. Leistungsunterschiede im Lesen ebenso wie beim Umgang mit digitalen Medien lassen sich in Deutschland nach wie vor auf den sozioökonomischen Hintergrund des Elternhauses zurückführen. Der Schule kommt dabei eine wichtige Kompensationsaufgabe zu. Schulen orientieren sich jedoch in erster Linie an den Lernvoraussetzungen von Kindern aus der Mittelschicht. Es sollte zukünftig verstärkt an individuelle Vorerfahrungen aller Kinder angeknüpft werden, damit sich die Passung zwischen Schule und Elternhaus erhöht. Der Umgang mit digitalen Medien bietet dafür besondere Potentiale.

KA: *Lehrkräfte benötigen ja sicher auch selbst Erfahrungen mit digitalen Medien, damit das gelingt. Das Bundesland Bayern nutzt ja zum Beispiel mebis als Plattform...*

UHT: Mebis ist eine lineare Plattform auf der Grundlage von Moodle. Damit lassen sich bestehende Vorstellungen von Unterricht sehr gut abbilden. Es wird aktuell viel dafür getan, die Plattform an die Anforderungen veränderter Lehr- und Lernprozesse anzupassen. Wie die Plattform dann letztendlich genutzt wird, hängt von der Bereitschaft der Lehrkräfte ab.

KA: *Was brauchen Lehrkräfte, um digital gestalten zu können?*

UHT: Sie brauchen konkrete Erfahrungen mit veränderten Lehr- und Lernprozessen. In einer Münchner Projektschule, dem sogenannten Uni-Lernhaus,[49] arbeiten Kinder jahrgangs- und themenübergreifend. Studierende, Lehrkräfte und Kinder gehen dort auf sogenannte Lernreisen. Diese werden von angehenden und ausgebildeten Lehrkräften gemeinsam geplant – analog und auf einer kollaborativ ausgerichteten Lernplattform. Kinder erhalten dabei die Möglichkeit, sich in Teams unterschiedlichen Herausforderungen zu stellen. Diese Erfahrungen beeinflussen alle Beteiligten. In der Breite brauchen Lehrkräfte mehr Fortbildungen, vor allem auch in digitaler Form, in denen sie Anregungen bekommen, neue Erfahrungen machen und sich austauschen können. Auf der Seite schultransform.org bekommen sie beispielsweise Hilfen an die Hand, zunächst eine gemeinsame Vision zu entwickeln. Sie müssen von Veränderung träumen lernen. Zuerst müssen Funken sprühen. Dann kann man in multiprofessionellen Teams Ideen weiter entwickeln. Dabei muss der Kooperationsgedanke in den Mittelpunkt rücken und die Frage, wie Veränderungen im Bereich Schulentwicklung gemeinsam angestoßen und implementiert werden können.

KA: *Häufig sagen Lehrkräfte, es fehlt die Zeit für Kooperation.*

UHT: Es fehlt an Zeit, Raum und unterstützenden Strukturen. Wir brauchen mehr Formate für Austausch untereinander, aber auch für den Austausch mit anderen Schulen, in andere Länder, mit der Wirtschaft.

KA: *Welche Rolle haben dabei die Schulleitungen?*

UHT: Wichtig ist, dass Schulleitungen mutig sind, in die Zukunft denken und Räume schaffen für Kooperation und Austausch der Lehrkräfte, aber auch mit Eltern. Schauen Sie, wie Micha Pallesche von der Ernst-Reuter-Schule das in seinem Roten Salon[50] anbietet oder jetzt im digitalen Salon erprobt. Dort reden alle mit und entwickeln ihre Schule gemeinsam weiter.

---

49 Das Uni-Lernhaus unter https://www.grundschulebauhausplatz.de/ (recherchiert am 19.7.2022)

50 Der Rote Salon unter http://www.ers-karlsruhe.de/gemeinschaftsschule#Roter%20Salon%20(Schulentwicklung) (recherchiert am 19.7.2022)

KA: *Zusammengefasst brauchen wir keine spezielle digitale Bildung, sondern ein verändertes Verständnis von Lehren und Lernen?*

UHT: Ja, Bildung geht aus Lernprozessen hervor, aber nicht jeder Lernprozess führt zu Bildung. Digitale Bildung kann ihre transformative Kraft also nur entfalten, wenn dahinter ein verändertes Verständnis des Lehrens und Lernens steckt. Dieses Verständnis gilt es gemeinsam zu entwickeln und auf vielfältige Art und Weise weiter zu gestalten.[51]

Der Gedanke, dass es gar keinen spezifischen Gender-Unterschied gibt, weil es nicht ausschließlich um digitale Bildung geht, scheint der Grundannahme dieses Buches zu widersprechen. Möglicherweise trifft der Gender-Aspekt weniger auf junge Studentinnen zu. Oder er tritt bei einer zu 90 Prozent weiblichen Menge der Studierenden nicht deutlich hervor. Eine dritte Möglichkeit aber finde ich wesentlich ermutigender: Was wäre, wenn für die Kultur der Digitalität die statistisch belegten typisch weiblichen Kompetenzen wie gelingende Kommunikation und Kooperation stärker im Vordergrund stünden? Dann wären Frauen Ermöglicherinnen, ein Gewinn für jedes Team und gut geeignet, den Transformationsprozess voranzubringen. Diesen Gedanken greife ich in Kapitel 7 weiter auf.

Im Gegensatz dazu stehen jedoch die Empfehlungen für den gendergerechten Unterricht. Deborah Loewenberg Ball forscht als Pädagogin an der University of Michigan. Sie beschäftigt sich insbesondere mit der Herausforderung, wie Lehrkräfte Rassismus, Ausgrenzung und Ungleichheit bekämpfen können. An Videobeispielen vom Umgang mit schwarzen Kindern und der Zuschreibung als „troublemaker" erklärt sie die Macht der Mikro-Momente im Unterricht:

> „Lehrkräfte haben die Macht, unsere sexistische, behindertenfeindliche und rassistische Welt zu verändern – durch die Art und Weise, in der sie mit Kindern interagieren. (...) Die kleinen Handlungen im Unterricht haben oft die größten Konsequenzen für Schüler:innen." (aus: plan bd — fachmagazin für schule in der digitalen welt, S. 45, 2021[52])

51 Ihre Projekte stellt U. Hauck-Thum auf der Seite http://www.digitalitaet.com/ vor. (recherchiert am 19.7.2022)

52 Plan BD, Fachmagazin für Schule in der digitalen Welt #04. In: https://www.forumbd.de/app/uploads/2021/10/211007_FBD_PlanBD04_AroundTheWorld.pdf (recherchiert am 19.7.2022)

4.5 Gendergerechter Unterricht

Wussten Sie schon? Insbesondere Mädchen interessieren sich stärker für MINT-Inhalte, wenn deren Beitrag für die Lösung von gesellschaftlichen Problemen deutlich wird (vgl. Microsoft-Studie 2017[53]) – wie bei der Armutsbekämpfung, der Medizin, beim Umweltschutz? Oder wussten Sie, dass es insbesondere die Lesemotivation vieler Jungen steigern kann, sich parallel zum Lesen von Romanen mit passenden Sachinformationen auseinanderzusetzen? (vgl. Geschlechtersensible Bildung und Erziehung in der Schule, QuaLIS NRW Schulentwicklung[54]) Geschlechtersensibler Unterricht berücksichtigt die heute noch gängigen Stereotypien genauso wie aktuelle Zugriffsweisen von Mädchen und Jungen. Schon 2006 erschienen im Heft 61, Computer + Unterricht folgende Empfehlungen[55]:

- „Partnerinnen/Partner-Arbeit (gemischt- beziehungsweise getrennt geschlechtliche Paare bilden).
- Zeitweise Arbeit in getrenntgeschlechtlichen Gruppen.
- Auswahl von Anwendungsbeispielen für unterschiedliche Erfahrungshintergründe.
- Gendergerechte Sprache.
- Verteilung von Funktionen im Medienbereich auf Jungen und Mädchen.
- Ermitteln der tatsächlichen Medienkompetenz in der Klasse (...).
- Erweiterung des Kriterienkatalogs für Benotung: Kooperationsfähigkeit, Kommunikation, Unterstützung für andere, Wissen vermitteln/teilen ...“. (S. 9)

Für die „Mädchen in MINT“-Förderung gibt es schon zahlreiche Ideen, da dieser Unterstützungsgedanke schon länger besteht. Dieser Ansatz gibt Aufschlüsse, welche Maßnahmen gegen geringe Selbstkonzepte hin-

53 Microsoft-Studie: Mädchen können durch weibliche Vorbilder und mehr Praxiserfahrungen für MINT-Disziplinen begeistert werden (13.2.2017). In: https://news.microsoft.com/de-de/microsoft-studie-madchenfur-mint-disziplinen-begeistern/ (recherchiert am 19.7.2022)

54 Geschlechtersensible Bildung und Erziehung in der Schule unter https://www.schulentwicklung.nrw.de/q/gendersensible-bildung-und-erziehung/unterricht/gender-und-unterricht/lernausgangslage/beruecksichtigung-lernausgangslage.html (recherchiert am 19.7.2022)

55 Gendergerecht unterrichten mit digitalen Medien. In: Computer + Unterricht. Anregungen und Materialien für das Lernen in der Informationsgesellschaft. (2006/1, S. 6f). (recherchiert am 19.7.2022)

sichtlich Mathematik, Technik und Informatik hilfreich sind. Britta Oerke und Monika Eigenstätter haben 2018 für die Universität am Niederrhein, University of Applied Sciences eine MINT-Coach-App[56]entwickelt. In der Beschreibung führen sie aus, welche Maßnahmen zu welchem Zeitpunkt benötigt werden (vgl. ebenda S. 17). Dies veranschaulicht auch Abb. 11.

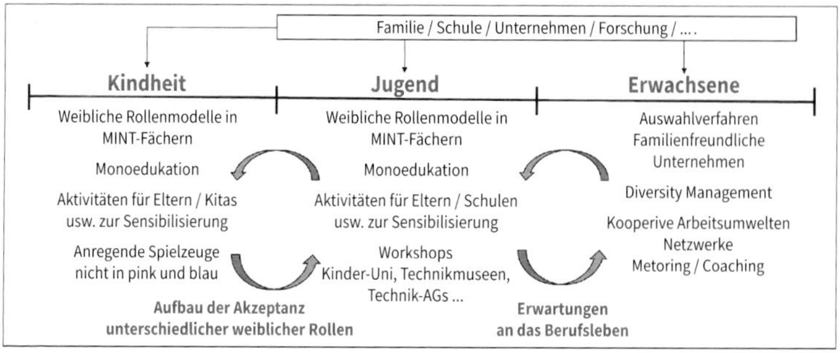

Abb. 11: Was Madchen brauchen, um Interesse an MINT-Fächern zu entwickeln (Quelle: Britta Oerke und Monika Eigenstätter / Universität am Niederrhein)

Immer wieder wird Monoedukation, also Unterricht in getrennt-geschlechtlichen Gruppen für MINT empfohlen, ebenso wie Rollenmodelle als Einflussfaktoren genannt werden. Die Schwierigkeit ist, dass weibliche Lehrkräfte genau in diesen Fächern fehlen, denn der Lehrkräfte-Nachwuchsmangel ist hier dramatisch. Die Telekom-Studie 2021, verfasst von Klaus Klemm zum Lehrkräftemangel in MINT-Fächern, belegt dies für NRW und legt gleichzeitig nahe, dass sich die Tendenzen bundesweit übertragen lassen:

> „Zuletzt haben immer weniger Studierende mit mindestens einem MINT-Fach eine Lehramtsprüfung absolviert [...]. Von den Absolventen treten schätzungsweise zudem nur 90 Prozent tatsächlich in den Schuldienst ein. Den vergleichsweise meisten Nachwuchs hätte dabei das Fach Mathematik mit 564 Personen, den schwächsten die Fächer Informatik und Technik mit 14 bzw. 7 Personen jährlich.“[57]

56 MINT Coach. Mädchen für MINT interessieren (2018). In: https://mintcoach.net/fileadmin/user_upload/Dokumente/MINTcoach_Maedchen_fuer_MINT_interessieren.pdf (recherchiert am 19.7.2022)

57 Lehrkräftemangel in den MINT-Fächern (2021). In: https://www.telekom-stiftung.de/sites/default/files/mint-lehrkraeftebedarf-2020-zusammenfassung.pdf (recherchiert am 19.7.2022)

Auch für die Berufsorientierung und Lehramts-Studiengänge ergibt sich daraus die Herausforderung, Potentiale der Lernenden frei von Genderklischees zu fördern.

4.5.1 Der Lehrer, der nicht lesen konnte

John Corcoran war Analphabet[58]. 17 Jahre lang arbeitete er als Lehrer, konnte aber gar nicht lesen. In den USA soll auch heute noch fast ein Fünftel aller High-School-Absolventen höchstens vereinzelte Wörter lesen können. Welche Qual das für den späteren Geschäftsmann bedeutete, welche Scham dahintersteckte und welche Anstrengungen er unternahm, beschreibt Ute Eberle in ihrem Artikel „Spätleser". Größte Täuschungsmanöver und Überlebensstrategien hat Corcoran gebraucht, um nicht entdeckt zu werden, sogar das Stehlen von Prüfungsaufgaben gehörte dazu. „Er habe mit einem Loch in seiner Seele gelebt, sagt er heute. Noch immer kommen ihm die Tränen, wenn er [...] zurückdenkt." (S. 104). Corcoran kommt zu dem Schluss: „[...] kein Kind soll durchmachen, was er durchmachte [...] Einem Schüler nicht das Lesen beizubringen, kommt einer Art von Missbrauch gleich."

Werden wir in 20 Jahren das Gleiche über fehlende digitale Kompetenzen, die Schülerinnen und Schülern nicht beigebracht wurden, sagen? Wie werden unsere Kinder zukünftig zurechtkommen, wenn sie geringe digitale Kompetenzen besitzen? Werden sie trotzdem an der Vielfalt unserer Welt umfänglich partizipieren können? Und: Werden fehlende digitale Kompetenzen zukünftig ähnlich gravierende Auswirkungen haben wie Analphabetismus heute?

4.5.2 Die Professorin, die nicht rechnen konnte

Barbara Oakleys Buch „Kein Gespür für Zahlen" (2015) hat autobiografische Anteile[59]: Lange war sie, wie viele Frauen überzeugt, ein eher verträumtes Sprachgenie zu sein. Auf Grund einer Wendung in ihrem Leben stand sie später vor der Herausforderung, das ihr verhassteste aller Fächer, Mathematik (neben allen anderen Naturwissenschaften) zu

58 U. Eberle: „Spätleser". In: Lernen! Bildung, Heft 11, Februar 2021, brandeins

59 B. Oakley (2015): (K)ein Gespür für Zahlen. München

studieren. Sie beschloss, ihr Gehirn umzutrainieren. Nach ihrem Studium der Elektrotechnik und Informatik lehrt sie heute als Professorin für Ingenieurswissenschaften und beschäftigt sich damit, wie Lernen funktioniert und entdeckte, dass Kreativität dabei sehr hilft. Über ihre Erfahrungen und besonders über Lernstrategien für Mathematik hat sie mehrere Bücher geschrieben.

Möglicherweise sollten wir als Frauen, falls wir denn überzeugt sind, Mathe nicht zu können, auch ein wenig umtrainieren. Erwarten wir nicht auch täglich von Schülerinnen und Schülern, harte Anstrengungen zu unternehmen, wenn ihnen etwas nicht leichtfällt? Sicher sollten wir aber unsere Unsicherheit und Überzeugung nicht an folgende Generationen weitergeben!

4.6 Gendersensibel digitalisieren

Schon im erwähnten Heft von 2006 (Heft 61, Computer + Unterricht) wird die 3-R-Methode vorgestellt, mit der die Gendergerechtigkeit in Schulen verbessert werden kann. Auch wenn Sie Ihre Schule oder Organisation für sehr gendergerecht halten, lohnt sich ein Blick darauf. Bedenken Sie, Sichtbarkeit ist einer der wichtigsten Faktoren für mehr Lehrerinnen in der Digitalisierung. Hier gebe ich nur einige der Fragen wieder (nach R. Eichen: Gendergerecht unterrichten. In: Computer + Unterricht, Heft 61, 2/2006, S. 10):

Repräsentation

- Wie ist die Verteilung von Frauen und Männern in den schulischen Gremien und Organen, bezogen auf die digitale Bildung?
- Wer übernimmt Sprecherrollen und Funktionsstellen?
- Wie hoch ist der Anteil der Anliegen und Themen im Kontext Digitalisierung, die hauptsächlich Männer, hauptsächlich Frauen betreffen?
- Gibt es dazu Befragungen oder Statistiken?

Ressourcen

- Wieviel Redezeit haben Frauen und Männer in Besprechungen aller Art?
- Entspricht dies der prozentualen Verteilung der Geschlechter im Kollegium?

- In welchem Umfang werden digitale Medien von Frauen, Männern, Jungen und Mädchen genutzt?
- Werden Investitionen in Hardware, Software, Fortbildung etc. dahingehend überprüft, ob sie für alle gleichermaßen relevant sind?

Realität

- Wird den Interessen beider Geschlechter gleichermaßen Rechnung getragen?
- Welche Normen und Werte liegen dem zugrunde?
- Werden Frauen und Männer unterschiedlich beteiligt, angehört, angesprochen?

Die Grundlage dieser Fragen ist das gesetzlich verankerte Gender Mainstreaming. Das Bundesministerium für Familie, Senioren, Frauen und Jugend expliziert: „Gender Mainstreaming bezeichnet die Verpflichtung, bei allen Entscheidungen die unterschiedlichen Auswirkungen auf Männer und Frauen in den Blick zu nehmen."[60]

In der Praxis werden Geschlechterdifferenzen in Kollegien nach meiner Beobachtung kaum thematisiert, weder deren Relevanz im Kollegium noch für den Unterricht. Oder haben Sie, außer vielleicht bei der Sexualerziehung, schön öfter von getrenntgeschlechtlichen Lernsituationen gehört?

Für die Lehre gilt ebenso, eine Strategie dafür zu entwickeln, wie Vorurteile nicht weiter zementiert werden. Sigrid Schmitz vom Zentrum für transdisziplinäre Geschlechterstudien der Humboldt-Universität zu Berlin verweist in ihrem Vortrag „Digital gendergerecht lehren. Wie Genderthemen in die digitale MINT-Lehre integriert werden können" vom Wintersemester 2021/22 auf das dort erarbeitete Lernportal Gendering MINT digital[61].

60 Gender Mainstreaming (28.12.2021). In: https://www.bmfsfj.de/bmfsfj/themen/gleichstellung/gleichstellung-und-teilhabe/strategie-gender-mainstreaming/gender-mainstreaming-80436 (recherchiert am 19.7.2022)

61 Portal Gendering MINT digital unter https://www2.hu-berlin.de/genderingmintdigital/ (recherchiert am 19.7.2022)

5 Digitalisierung, Schulentwicklung und Widerstand

Bereits in meinem Buch „Schule verändern – jetzt!“ bin ich davon ausgegangen, dass die meisten Lehrkräfte aus Überzeugung und Motivation Lehrer und Lehrerin geworden sind. Etwas beizutragen zu einer besseren Welt von morgen – so könnte man die intrinsische Motivation häufig zusammenfassen, die mir begegnet. Dieser Optimismus trägt mich auch, wenn ich auf die vielen Widerstände, bezogen auf die Digitalisierung, im Bildungsbereich schaue.

Da ich ursprünglich aus dem Grundschulbereich komme, kenne ich die Sorgen um Kinder, die – beobachtbar – beim Schuleintritt zunehmend weniger gelenkig, sportlich und weniger im Kontakt mit der Natur sind. Immer weniger Kinder können einen Purzelbaum machen oder rückwärts balancieren, länger auf einem Bein stehen oder einfache Phänomene aus der Natur benennen. Ich frage mich: Wer will zukünftig das schützen, was er oder sie nicht kennt? Wer wird zukünftig auf sich selbst achten können, seine Bildschirmzeit kontrollieren oder seinen Konsum reflektieren, wenn er oder sie schon in der Schultüte ein Smartphone hatte, aber keine Anleitung, wie man gesund damit umgeht? Ich gehöre auch zu den Lehrkräften, die immer wieder besorgt sind, wenn die passive Bildschirmzeit und der Konsum der Kinder sehr hoch ist, die Bewegungszeit und die kreativ gestaltete Zeit aber abnimmt. Daraus leite ich allerdings auch die Notwendigkeit ab, den Umgang einzuüben, digital mehr zu gestalten als zu konsumieren, Zeitlimits zu erproben und sich zu reflektieren und – vor allem – als Erwachsene Vorbild zu sein.

5.1 Widerstände ernstnehmen

Es gibt zahlreiche Wissenschaftler wie Manfred Spitzer, die die Gefahren des digitalen Wandels beschreiben – und es gibt ihre Kritikerinnen und Kritiker. Diese unterschiedlichen Einschätzungen finden sich in den Kollegien der Schule wieder. Naheliegend erscheint mir das Argument, die Digitalisierung nicht zu verdammen und aus den Klassenzimmern zu verbannen, denn sie ist längst da! Kinder erleben sie als Realität, und es stehen ihnen deswegen unsere Begleitung und Anleitung zu. Es wäre verantwortungslos, sie allein zu lassen. Denn ja, soziale Medien und digitale Geräte haben Anwendungen mit dem Ziel, unsere größtmögliche Aufmerksamkeit zu erlangen. Sie nutzen Belohnungssysteme, damit wir immer wieder einschalten und sind deswegen häufig Zeitfresser. Hier können wir uns selbstkritisch fragen: Achten wir selbst auf unsere Bildschirmzeit? Bleibt uns selbst genug Zeit für Bewegung, Kreatives, Familie und Freundschaften? Bleiben wir bei den News, den Social-Media Plattformen oder den Podcasts hängen? Wie lange am Tag? In meinen Workshops erlebe ich häufig, dass es den Erwachsenen schwerfällt, ihr Handy ganz auszuschalten und schon kurz nach dem Workshop wird es – noch auf dem Weg aus dem Raum – sofort wieder zur Hand genommen.

Wie in allen Kontroversen vermute ich also, dass auch die Gegner der Digitalisierung, die Bedenkenträger und andere kritische Geister gute Gründe für ihre Einschätzung haben. Schauen Sie mit mir genauer hin. Beat Döbeli Honegger ordnet in seinem Buch „Mehr als 0 und 1“ (2017) die unterschiedlichen Argumente für Widerstand gegen die Digitalisierung ein und orientiert sich dabei an unterschiedlichen Kriterien[62]. Hier nutze ich seine Kriterien und liste eine unvollständige Sammlung aller Gegenargumente auf, die mir begegnet sind:

Gegensteuern:

- Kinder sitzen schon genug vor dem Bildschirm, ohne dass wir in der Schule digitale Medien einsetzen. Wir sollten besser darauf Wert legen, grundlegende Bewegungs- und Wahrnehmungserfahrungen zu ermöglichen, die heute Kindern zunehmend fehlen.
- Ich bin dafür nicht ausgebildet. Das habe ich nicht gelernt.
- Ich traue mir die notwendigen digitalen Kompetenzen nicht zu und möchte mich nicht blamieren.
- Ich bin aus anderen Gründen Lehrerin/Lehrer geworden und möchte mich nicht mehr verändern.

62 B. Döbeli Honegger (2017): Mehr als 0 und 1.Bern

- Ich bin verunsichert, wo diese gesellschaftliche Entwicklung hinführt und möchte deswegen gegensteuern, in der Schule einen Schonraum schaffen, einen Gegenentwurf vorleben.
- Wir haben kein WLAN, keine Ausstattung, daher möchte ich mich derzeit nicht damit beschäftigen und meinen Protest ausdrücken.
- Ich kenne mich nicht aus und möchte mich vor der Schülerschaft nicht blamieren.
- Ich kenne mich nicht aus und möchte mich vor dem Kollegium / der Schulleitung nicht blamieren.

Ignorieren:
- Ich kenne mich nicht aus und warte ab, da meine Kolleginnen und Kollegen sich bereits engagieren.
- Ich fühle mich von den vielen erforderlichen Inhalten und pädagogischen Herausforderungen überfordert und kann nicht noch Digitalisierung zusätzlich lehren. (Etwa: Erst kam die Inklusion, dann die Beschulung der Geflüchteten und jetzt sollen wir noch die Digitalisierung zusätzlich leisten.)

Reformieren und Revolutionieren:
- Wir statten die Schule schrittweise aus und werden dann mit Fortbildung / Lernsnacks / Weiterbildung einzelner / Tandemlernen beginnen.
- Wir entwickeln zuerst Ideen zu einzelnen Fächern und wie digitale Inhalte hier verschränkt werden können.
- Wir beginnen mit dem, was wir heute haben und können, und erarbeiten die Konzepte später.
- Wir begeben uns zuerst auf Visionssuche, wie wir uns die Schule der Zukunft vorstellen.

Vom systemischen Ansatz der Beratung ausgehend steckt hinter jeder Haltung ein ernstzunehmendes Bedürfnis oder ein Wunsch. Daher möchte ich hier anbieten, zu reflektieren, welche Fragen weiterhelfen und welche Ansätze mögliche Blockaden verflüssigen können. Darüber hinaus gibt es für große Veränderungsprozesse typische Positionen in Gruppen und klassische Verläufe, die ich im nächsten Kapitel erläutere.

Aussage und Widerstandslevel	Hypothese zum Bedürfnis dahinter	Mögliches Angebot
• Kinder sitzen schon genug vor dem Bildschirm. • Ich bin dafür nicht ausgebildet. • Ich möchte mich nicht blamieren. • Ich möchte mich nicht (mehr) verändern. • Ich bin verunsichert über die gesellschaftliche Entwicklung. • Andere machen das schon. • Ich habe zu viel zu tun.	• Angst, Sorge um Kinder • Angst vor Scheitern, vor Fehlern, vor Veränderung • Scham • Trotz, Ärger, Erschöpfung • Verunsicherung • Stagnation, Erschöpfung, Motivationstief • Überforderung	• Wie können wir für Sie gleichzeitig Ausgleich schaffen und gute Begleitung? • Was brauchen Sie für einen ersten Schritt? • spielerische Lernsnacks mit KollegInnen des Vertrauens anbieten • Entlastungsoptionen finden, Ersatzangebot für betroffene Klassen • Visionssuche als Kollegium, GoodPractice-Beispiele anschauen • sanfter Druck, Mindestanforderungen setzen, Unterstützung schaffen • feste Zeitfenster einrichten für Themen, kleine Schritte anbieten

Tab.: Hinter jeder Haltung steckt ein ernstzunehmendes Bedürfnis oder ein Wunsch

5.2 Genderspezifischer Widerstand?

Widerstände werden von weiblichen Lehrerinnen formuliert, aber auch von älteren Lehrkräften oder denen, die die Digitalisierung in der Gesellschaft grundsätzlich kritisch bewerten. Ein Aspekt des Widerstandes ist allerdings explizit aus der Gender-Perspektive zu beachten: Die Einschätzung, etwas nicht zu können und die eigenen digitalen Kompetenzen zu unterschätzen, sind eher weibliche Ängste und Rollenstereotypien in Bezug auf Technik und MINT. 2013 verkaufte der Textilhersteller Otto (neben anderen) ein T-Shirt für Mädchen mit der Aufschrift „In Mathe bin ich Deko!“[63] Diese Einstellung, Mathe, Naturwissenschaften und Technik nicht zu „können“, ist weiterhin weit verbreitet.

63 Shitstorm gegen das Unternehmen Otto wegen Mathe-Shirt für Mädels (6.3.2013). In: https://www.welt.de/vermischtes/article114198786/Shitstorm-gegen-Otto-wegen-Mathe-Shirt-fuer-Maedels.html (recherchiert am 19.7.2022)

Umgekehrt gibt es auch das Phänomen, dass die Relevanz des Themas erst gar nicht erkannt wird. In meinen Vorträgen begegnet mir dann die Einschätzung: „Sowas gibt es bei uns nicht“. Das steht im deutlichen Widerspruch zu den Zahlen. Die Netzwerktreffen der schulischen IT-Beauftragten und die Messen zu digitaler Bildung werden vorrangig von Kollegen besucht und nicht von 73% Lehrerinnen, denn so viele Lehrkräfte sind deutschlandweit weiblich. Die Verteilung müsste sich also in den digitalen Netzwerken und Messen spiegeln. Hier empfiehlt die Broschüre „Pädagogische Orientierung für eine geschlechtersensible Bildung an Schulen in Nordrhein-Westfalen“[64] die Strategie der Dramatisierung, um zunächst für das Thema zu sensibilisieren:

> „Für eine Bestandsaufnahme ist in der Regel zunächst eine Dramatisierung [...] durch eine geschlechterdifferenzierte Datenerhebung sinnvoll, um Geschlechterdisparitäten überhaupt erst sichtbar zu machen. So können zum Beispiel geschlechterbezogene Leistungsunterschiede in einzelnen Fächern, eine geschlechtertypische Auswahl von Kursen, Arbeitsgemeinschaften und Pausenangeboten oder Geschlechteranteile bei Schulübergängen erkannt und bei Bedarf zum Ausgangspunkt für ein strategisches Vorgehen zum Ausgleich von benachteiligenden Unterschieden gemacht werden.“(S. 28f).

Dazu eignen sich besonders quantitative und qualitative Befragungen der Lernenden, Lehrenden und Eltern zu ausgewählten Fragestellungen, die Interessen, Selbstbilder und Einstellungen aufzeigen.

64 Pädagogische Orientierung für eine geschlechtersensible Bildung an Schulen in Nordrhein-Westfalen (2021). In: https://www.schulentwicklung.nrw.de/q/upload/Gender/Padagogische_Orientierung.pdf (recherchiert am 19.7.2022)

5.3 Interview mit Lea Schulz: von Kindern abgeguckt

Die Sonderpädagogin Lea Schulz ist Diklusions-Expertin und Studienleiterin. Früher hat sie im Bereich E-Learning Unternehmen beraten, die pädagogische Inhalte entwickeln. Beispielweise hat sie die Webseite Bettermarks für Mathematik inhaltlich mitaufgebaut.

Kati Ahl: *Lea, wie bist du eine so digital kompetente Lehrkraft geworden?*

Lea Schulz: Ich habe einfach angefangen. Ich hatte ein eigenes iPad und wollte das schon immer gerne im unterrichtlichen Kontext einsetzen. Irgendwann habe ich bei der Schulleitung angefragt und tatsächlich das erste schuleigene iPad bekommen und durfte es als Pilotprojekt ausprobieren. Und dann habe ich einfach Apps gesucht, ausprobiert, andere Lehrkräfte gefragt und das Netz durchforstet. Ich hatte natürlich eine digitale Affinität durch meine vorherige Arbeit als Medienpädagogin, da habe ich viel mit IT-lern zusammengearbeitet und viele Grundlagen kennengelernt. Und ich hatte eine Freundin, die bereits mit digitalen Medien arbeitete. Ich selbst kann nur marginal programmieren, habe aber so einige technische Grundkompetenzen.

KA: *Diese digitale Affinität oder geringere Angst vor Technik – woher hast du die?*

LS: Ich habe mir bei den Schülerinnen und Schülern abgeguckt, wie intuitiv sie einfach Dinge ausprobieren. Das beobachte ich bis heute, und ich bin immer wieder ein bisschen neidisch darauf, wie entspannt Kinder mit Medien umgehen. Die haben keine Angst, das Internet zu löschen oder was kaputt zu machen. Ich versuche, diesem Prinzip zu folgen – einfach zu machen und auszutesten und mich zu trauen.

KA: *Wie lässt sich deine Erfahrung auf Anfängerinnen unter den Lehrkräften übertragen?*

LS: Meine Erfahrung in der Lehrerinnen-Fortbildung ist, dass es zur eigenen Weiterentwicklung jemanden braucht, auf den ich mich verlassen kann, wenn ich mal nicht weiter weiß oder irgendwas nicht funktioniert – etwa wenn das Gerät nicht mehr anspringt, die App nicht funktioniert. Dafür brauchen wir am besten auch didaktisch-technische Partner, die man fragen kann.

KA: *Welche didaktisch-technischen Partner oder Partnerinnen brauchen Schulen?*

LS: Wenn es um die reine Technik geht, dann brauchen wir einen externen Support. Angenommen, ein Beamer fällt aus, dann würde ich den externen Support anrufen. Wir brauchen aber auch andere Ansprechpersonen, am besten so eine Medienentwicklungs-Gruppe. Wir gehen in Schleswig-Holstein an den meisten Schulen so vor, dass wir nicht nur eine Person haben, die für das Thema Medien zuständig ist, sondern eine diverse Medienentwicklungs-Gruppe, die aus verschiedenen Fächern und mit verschiedenen Kompetenzen besetzt ist. Eine Person hat vielleicht Ahnung von interaktiven Boards, die nächste kennt sich womöglich mit Mathe-Apps aus. Hilfreich ist ein breites Spektrum an Menschen, die man ansprechen kann.

KA: *Was sollten Schulen selbst leisten?*

LS: Es gibt die sogenannte Wackelkompetenz, die Lehrkräfte brauchen – so nennen das unsere Medienberaterinnen. Gemeint ist, als Lehrkraft erstmal selber auf die Suche zu gehen, an Steckern zu wackeln, ob alles angeschlossen ist, oder mal im Internet nachzulesen. Es geht darum, erst dann nachzufragen, wenn ich wirklich nicht weiterkomme. Ich bekomme oft Anfragen, die sich ganz leicht googeln lassen. Ich finde, man sollte in der Schulentwicklung die Kompetenz anbahnen, es erstmal selbst zu versuchen.

KA: *Viele Schulen argumentieren: Wir fangen erst dann mit der Digitalisierung an, wenn wir endlich unsere Ausstattung oder WLAN haben. Was antwortest du dann?*

LS: Darauf antworte ich mit zwei Gegenargumenten. Erstens kann man auch ohne Ausstattung digitale Kompetenzen vermitteln. Ich kann durchaus mit den Schülerinnen und Schülern besprechen und überlegen, wie zum Beispiel Cybermobbing entsteht. Was würde ich antworten, wenn jemand eine üble Textnachricht über mich schickt, die sogar weiterverbreitet wird? An einer solchen Frage lassen sich viele Kompetenzen üben. Dazu brauche ich kein iPad. Das zweite Argument heißt: Eine Schule kann mit den Geräten starten, die verfügbar sind. Manche kann man sich vielleicht in Medienzentren ausleihen. Wie gesagt, ich habe mit einem einzigen iPad angefangen und es als Hilfs- und Lernmittel eingesetzt.

KA: *Manche Pädagoginnen und Pädagogen argumentieren, dass Kinder lieber etwas Praktisches machen oder mit allen Sinnen lernen sollten.*

LS: Digitales Lernen ist super praktisch! Wir brauchen diese Verknüpfung von der analogen und digitalen Welt. Meines Erachtens ist ein Unterricht kein guter Unterricht, wenn er rein digital abläuft. Wir brauchen die Vernetzung und Kombination von beidem. Natürlich sollen Schülerinnen und Schüler in der Grundschule, um ein Beispiel zu nennen, Würfel einzeln auszählen können, die auf dem Tisch liegen. Trotzdem können sie vielleicht von diesen Würfeln Fotos machen, um sich zu merken, wie sie die hingelegt haben. Dabei wird das digitale Medium einfach nur als Speicher, als Werkzeug benutzt.

KA: *Die sollen lieber erst mal richtig lesen und schreiben lernen! Diesen Hinweis hört man häufig, wenn es um das Lernen jüngerer Kinder geht. Was entgegnest du darauf?*

LS: Dieses Argument zieht bei mir nicht. Lesen und Schreiben lernen kann man ja durchaus auch im digitalen Raum. Dort ist es sogar besonders notwendig, es gibt ja mittlerweile viele Tools zum Lesen- und Schreibenlernen. Ich denke da beispielsweise an solche, mit denen man auch Buchstaben lernen und üben kann.

Wenn ich als Lehrkraft in einer Klasse mit 30 Kindern bin, habe ich gar nicht die Chance, hinter jedem Kind zu stehen, zu gucken, wie es schreibt, ob es das richtig macht oder ob ein Wort falsch geschrieben wird. Ob ein Kind überhaupt das Phonem mit dem Graphem zusammenbringen kann. Mit einer App bekommt die Schülerin oder der Schüler sofort eine direkte Rückmeldung. Aus meiner Sicht gibt es viele Argumente dafür, im Unterricht sowohl Hefte als auch Apps einzusetzen und nicht das analog Schriftliche „vorzuschalten".

KA: *Sehen wir uns ein weiteres Argument an: Die Kinder verbringen sowieso schon zu viel Zeit am Bildschirm, nicht auch noch in der Schule. Was würdest du darauf antworten?*

LS: Wer das sagt, hat häufig diese bösen Medienwelten vor Augen. Man kann sich aber auch ganz unaufgeregt fragen: Ist es gut, wenn Kinder bestimmte Filme sehen oder sich beschallen lassen? Je nachdem, wie die Antwort ausfällt, kann man eingreifen und reglementieren. Ich persönlich würde vor allem dazu anregen, digitale Medien aktiv und interaktiv zu nutzen, Filme oder Podcasts mit den Schülerinnen und Schülern zu produzieren.

KA: *Also weniger zu konsumieren?*

LS: Ja, denn ich denke, dass es ein wichtiges Ziel von Schule ist, den Schülerinnen und Schülern in Bezug zu digitalen Medien zu verdeutlichen, nicht nur den Konsum zu sehen, sondern das aktive Gestalten kennenzulernen und dadurch digital mündiger zu werden. So lernen Kinder, entscheiden zu können, was ihnen Spaß macht oder was gut für sie ist, gleichzeitig beurteilen sie, wägen ab und treffen eigene Entscheidungen.

KA: *Digitalisierung als Vorgabe „von oben" weckt bei Lehrkräften manchmal Widerstand. „Was sollen wir denn noch alles machen?", wird geklagt. Wie siehst du das?*

LS: Wir leben in einer digitalisierten Gesellschaft bzw. innerhalb dieser Kultur, die wir entwickelt haben. Für die Kultur der Digitalität, die in unserer Gesellschaft stattfindet, brauchen wir bestimmte digitale Kompetenzen, um teilhaben zu können. Und diese Teilhabe ist für mich die Grundlage dessen, weshalb wir Kinder auch in der Schule digital mündig machen müssen. Sonst können die Schülerinnen und Schüler in unserer Gesellschaft weniger teilhaben. Wir sehen es doch alltäglich: Termine buchen wir online, wir zahlen Rechnungen durch Online-Banking. Und deshalb ist es für Teilhabe notwendig, dass wir uns in Schule damit auseinandersetzen, weil wir als Bildungsinstanz dafür zuständig sind, dass dieser digitale Gap, diese weite Schere, die ja in der Gesellschaft auseinandergeht, sich nicht noch weiter öffnet. Hier muss auch das Bildungssystem gegensteuern.

KA: *Manchmal vermute ich, dass ein Grund für Widerstand darin liegen könnte, dass man selbst vielleicht Befürchtungen hat, wo die Digitalisierung gesellschaftlich hinführt. Manche Lehrkräfte zweifeln vielleicht, ob sie aktuelle Entwicklungen wie Künstliche Intelligenz unterstützen sollten. Wie siehst du das?*

LS: Das sehe ich genauso. Ich stelle mir diese Frage auch häufig, gerade in Bezug auf digitale Diagnostik oder digitale Dokumentation. Möchte ich beispielsweise wirklich, dass meine Schülerinnen und Schüler in der Arbeitswelt ankommen und für zukünftige Arbeitgebende gläsern sind? *Ach, in Klasse 7, da hast du aber die Arbeit versiebt.* Und trotzdem möchte ich dafür begeistern und überzeugen, dass wir ganz große Chancen haben, wenn wir mit digitalen Medien arbeiten. Diese Chancen sehe ich vor allem im Bereich der Inklusion. Dennoch kann ich diese Ängste verstehen, aber nicht umsonst gibt es Datenschutzgesetze – und wir müssen lernen, mit den Gefahren umzugehen und handhabbar zu agieren. Letzten Endes verantworte ich selbst, was mit den Daten meiner Schülerinnen und Schüler im Netz passiert. Aber wie auch immer: Rückgängig machen werden wir die Digitalisierung nicht.

5.4 Die Schock-Kurve bei großen Veränderungsprozessen

Kennen Sie die sieben Stufen bei Trauerprozessen? Vom Schock zur Verleugnung, zur Abwehr, über Wut und Trauer bis hin zur Akzeptanz braucht dieser einschneidende Prozess für den Menschen eine bestimmte Zeit. So ein ähnlicher Ablauf gilt für berufliche große Veränderungsprozesse ebenfalls und ist auch unter dem Namen Hype-Cycle bekannt. Ganze Schulkollegien müssen ihn bei großen Veränderungen bewältigen. Eines haben Schulen aber mit Wirtschaftsunternehmen gemeinsam: Große Veränderungen bringen Stress in vertraute Abläufe und erzeugen zunächst Abwehr, wie Abb. 12 zeigt (vgl. https://www.fritz.tips/change-kurve-nach-kuebler-ross/).

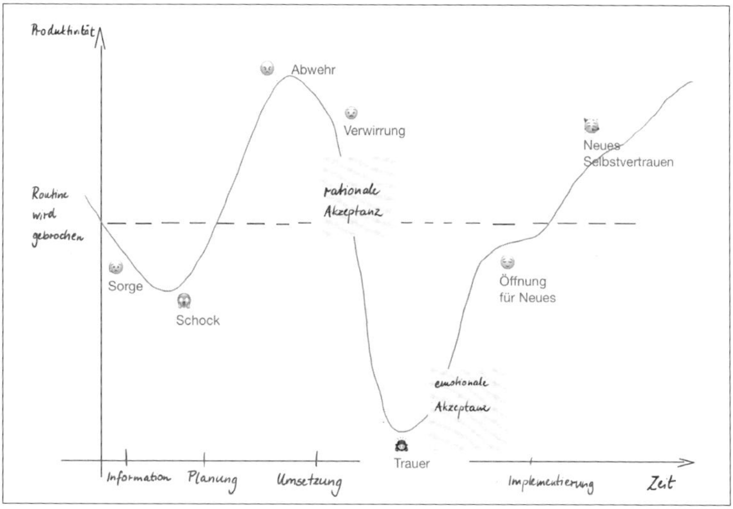

Abb. 12: Große Veränderungen bringen Stress und erzeugen erstmal Abwehr

Ich stelle die Change-Kurve häufig in Schulen vor, sie trifft dort auf große Zustimmung. Viele Lehrkräfte erkennen sich und andere wieder. Folgendes lässt sich aus der Kurve ableiten:

- Widerstand ist ein ganz normaler Vorgang und gehört zu Veränderungsprozessen.

- Er durchläuft verschiedene Stadien, die unterschiedliche Antworten der Leitung erfordern.
- Der Transformationsprozess braucht Zeit und ist kaum abzukürzen.
- Offenheit hilft im Umgang mit Widerstand.
- Die rationale Akzeptanz entsteht zuerst, erst später erfolgt auch die emotionale Akzeptanz.
- Die Produktivität ist nur in der Abwehr und in der späten Öffnung hoch. Dazwischen ist wenig Produktivität im Umgang mit der Veränderung zu erwarten.

6 Denken ohne Geländer

Hannah Ahrendt prägte den Begriff „Denken ohne Geländer" für ihre Geisteshaltung, keiner Theorie zu folgen und keiner philosophischen Schule anzugehören. Er gefällt mir sehr und passt aus meiner Sicht für die Transformationsprozesse des Bildungssystems, auch für die hier beschriebenen. Lassen Sie uns also liebgewonnene Glaubensmuster und Positionen beiseitelassen, mit frischem Blick schauen und neu denken. Wir sind Vorreiter, wir unterrichten die zukünftige Generation und sollten deswegen auf Tuchfühlung mit der Zukunft sein. Wir sollten uns fragen: Was brauchen die Kinder wohl? Was wäre heute ein sinnvoller Schritt? Was braucht genau diese Klasse, dieses Kind oder dieser jugendliche Mensch? Ich wünsche mir eine Offenheit des Geistes, dass wir unserer Zeit voraus sind – oder zumindest immer am Puls der Zeit und offen für Neuerungen. Lehren ist ein Geschäft mit dem Lernen, auch mit dem eigenen. Lebenslanges Lernen muss für alle an Schule tätigen Menschen als oberste Prämisse gelten.

6.1 Interview mit Rieke Strehl: Manche belächeln mich

Die Gymnasiallehrerin Rieke Strehl fiel mir in einem Fernseh-Interview auf. Sie unterrichtet Mathematik und Chemie an einer beruflichen Schule in Hessen, veröffentlicht ihr Material unter anderem auf Instagram und ist Gründerin der GLAD Academy für Schülerinnen und Schüler.

Kati Ahl: *Wie kommt es, dass du als Frau digital so versiert und aktiv bist? Hat es etwas mit deiner Biografie zu tun?*

Rieke Strehl: Ja, ich bin digital geprägt worden. Mein Vater ist in der IT-Branche tätig gewesen und wir hatten schon früh einen Computer bzw. einen Laptop zu Hause. Mein Vater hat immer zu meinem Bruder und zu mir gesagt, *wenn ihr Mist auf dem Computer gemacht habt, müsst ihr aber auch schauen, wie ihr das wieder löst*. Diese Problemlösungskompetenz wurde uns also schon in frühen Jahren vermittelt. Meine Mutter ist wie ich auch Lehrerin, sehr ehrgeizig und auch immer am Puls der Zeit, was das Digitale angeht. Sie hat sogar in ihrem letzten Jahr vor der Pension damit angefangen, über ein Tablet Erklärvideos aufzunehmen. Bei mir war es so, dass ich während des Studiums lange bei einer Unternehmensberatung tätig war und dort viel digital gearbeitet habe. Jetzt in meiner Lehrertätigkeit sehe ich manche Dinge anders als andere, mit mehr Fehlertoleranz und eher aus der wirtschaftlichen Sicht. Auch möchte ich meine Schülerinnen und Schüler bestmöglich in diese neue Welt entlassen.

KA: *Das scheint mir ein wichtiger Aspekt zu sein. Du hast durch deinen Job im Studium die Arbeitswelt anders erlebt als viele Lehrkräfte. Könnte es bei der eher schleppenden Digitalisierung eine Rolle spielen, dass manche Lehrkräfte gar nicht so genau vor Augen haben, worauf sie Kinder und Jugendliche eigentlich vorbereiten?*

RS: Da stimme ich dir zu, viele Kolleginnen und Kollegen haben die Blase Schule nie verlassen. Wir Lehrkräfte sind als Kinder selbst in die Schule gegangen, haben unser Abitur gemacht, gehen dann ins Studium und wieder zurück in die Schule. Ein Einblick in die Wirtschaft kann so bei vielen nicht zustande kommen.

KA: *Wie kam es dazu, dass nicht dein Bruder ein Laptop bekommen hat, während du Stricken lerntest – um im Klischee zu sprechen? Das klingt nach einer eher gendersensiblen Erziehung.*

RS: Das lag tatsächlich an der Erziehung durch meine Eltern, vielleicht auch, weil meine Mutter bereits technikaffin war. Auch meine Oma war nämlich schon untypisch für ihre Zeit. Sie hatte einen Job, in dem sie zunächst an der Schreibmaschine schrieb und später mit einem Computer gearbeitet hat. Ich bin in einer Familie groß geworden, in der Frauen eine andere Stellung hatten als die, die damals üblich war, und arbeiten durften.

KA: *Gibt es heute Role Models für dich, was die Digitalisierung angeht?*

RS: Tatsächlich nicht. Liegt aber auch einfach daran, dass ich manchmal ein bisschen belächelt werde. In der Schule mache ich mich gerne schick, trage hohe Schuhe, Röcke und Kleider. Das ist für viele erstmal ein Kontrast zu meinem enormen technischen Interesse. Ich interessiere mich nämlich sehr für digitale Inhalte, für Informatik. Bei dem Thema belächeln mich manche und denken, *da kommt jetzt so eine blonde gestylte Frau, die hat ein Kleid an und die will uns jetzt irgendwas von Digitalisierung erzählen*. Das ärgert mich manchmal immer noch. Also halte ich mich erst mal ein bisschen im Hintergrund und haue dann mein Wissen als Expertin raus – womit dann keiner rechnet (lacht).

KA: *Überraschst du die Menschen gerne damit?*

RS: Ja, manchmal macht das auch Spaß, weil ich mittlerweile meinen Weg gefunden habe und jetzt gut damit umgehen kann, dass ich zunächst unterschätzt werde.

KA: *Nach der Digital Gender Gap Studie besteht zwischen den Geschlechtern ein Unterschied in der Offenheit für digitale Neuerungen und in der Bereitschaft, sie einfach mal auszuprobieren. Du bist dagegen digital sehr interessiert und offen. In welchen Aspekten könntest du für Lehrerinnen ein Vorbild sein?*

RS: Das ist eine schwierige Frage. Ich stehe manchmal im Rampenlicht, aber ich brüste mich nicht gerne mit dem, was ich mache. Ich stelle mich als Lehrkraft für Mathematik und Chemie vor, ich fühle mich nicht als die digitale Superheldin. Ich wünsche Frauen mehr Mut. Zeigt euch, geht in die Social-Media-Kanäle, geht online. Zeigt einfach, was ihr im Unterricht macht und teilt euer Wissen. Wir müssen einfach mehr den Mut haben zu sagen *Hier bin ich und das kann ich.*

KA: *Woran orientierst du dich?*

RS: Ich gucke mir tatsächlich viel bei den Männern ab. Wenn Männer auf der Bühne stehen, dann stellen die sich da hin und können zwei, drei Stunden Monologe halten und kommen meistens auch super gut beim Publikum an. Ich habe mich lange Zeit nicht getraut, wirklich frei zu reden oder vor einer Kamera zu stehen. Aber es gibt viele tolle Frauen wie Nina Toller, die das können und digital auch sehr gut aufgestellt sind. Es bedarf nur einfach der entsprechenden Bühne.

KA: *Du hast in einem Artikel geschrieben, dass es einen typischen Satz beim Erproben neuer digitaler Formate gibt: Ich will mich nicht blamieren. Was empfiehlst du Lehrkräften, die das sagen?*

RS: Ich empfehle den Austausch mit Gleichgesinnten und Fortbildungen zu besuchen. Das Angebot an Fortbildungen für Lehrkräfte ist ja momentan immens. Und man blamiert sich ja auch nicht wirklich, z. B. vor einer Klasse. Die Schülerinnen und Schüler wissen zwar, wie man ein Video dreht, wie man einen bestimmten viralen Tanz durchführt und wie man auf Social Media interagiert. Aber ich glaube tatsächlich, dass wir trotzdem noch einen Vorsprung haben, wenn wir ein Tablet benutzen. Und wenn nicht, dann können wir noch ganz viel von ihnen lernen. Aktuell arbeite ich gerade zusammen mit zwei anderen Digitalexperten an einer Webinarreihe für einen großen Computerzubehör-Hersteller. Wir steigen jeweils mit einer Herausforderung aus dem Unterricht ein und geben dann verschiedene Lösungsmöglichkeiten vor, wie man dazu interaktiv arbeiten kann.

KA: *Und wofür machst du das? Was sind deine nächsten Pläne?*

RS: Ich hatte mich vor den letzten Sommerferien auf eine höhere Stelle beworben, eine Leitungsposition, und in den Gesprächen dazu wurde mir dann gesagt: *Du bist relativ jung, du bist eine Frau. Kannst du dich da überhaupt durchsetzen? Schaffst du das dann überhaupt mit dem Kind?* Darüber habe ich mich so geärgert, dass ich in dem Moment gar nicht wusste, wie ich mit diesen Fragen umgehen sollte. Dass das heute immer noch so ist, dass man sich als Frau dafür rechtfertigen oder zumindest erklären muss, wie alt man ist, welches Geschlecht man hat und auch vielleicht welches Familien-Setting man hat, finde ich befremdlich! Aber man kann sich ja nirgendwo beschweren. Ich habe mich dazu entschieden, meinen Ärger hinunterzuschlucken, was mir manchmal sehr schwer gefallen ist. Denn ich habe einen enormen Gerechtigkeitssinn.

KA: *Erhältst du eigentlich für dein Engagement für den digitalen Unterricht an deiner Schule, z. B. für den Einsatz von Flipped Classroom oder von Erklärvideos genug Anerkennung?*

RS: Darf ich ehrlich darauf antworten? Die Schülerinnen und Schüler finden das toll. Viele saßen wirklich da und haben gesagt *Wow*! Die fanden das richtig cool, als ich von meinen Projekten erzählt habe. Und ich habe denen auch gesagt: *Rechnet damit, dass ab und zu mal die Presse zu uns kommt, jemand von der Zeitung oder ein Fernsehteam. Die wissen ja alle, dass ich auf Instagram sehr aktiv bin.* Aber die Wertschätzung aus der Schulleitung ist sehr gering. Eigentlich bringt meine Arbeit ja gute Werbung für die Schule. Eine Zeitung veröffentlichte tatsächlich eine Doppelseite über das Projekt DigitalSchoolStory, das ich in meinem Unterricht durchgeführt habe. Aber da kam nichts. Kein Lob, keine Wertschätzung – und keine höher dotierte Stelle nach sieben Jahren in Aussicht. Ich unterrichte an einem Berufskolleg, das einen technischen Schwerpunkt hat. Das heißt, unser Kollegium ist auch sehr männerlastig und das ist manchmal nicht ganz einfach. Meine Erfahrung im Hinblick darauf ist, dass Frauen – damit sie gesehen und gehört werden – immer lauter als andere sein müssen und grundsätzlich ihre Kompetenzen immer mehr (als Männer) unter Beweis stellen müssen.

KA: *Also findest du Bestätigung eher außerhalb der Schule?*

RS: Ja, auf Social Media werde ich als Frau sehr ernst genommen. Da bekomme ich viele Rückmeldungen, auch per Privatnachrichten von Kolleginnen und Kollegen, die einfach anbieten: „Hier, ich habe da was für dich zum Teilen." Oder: „Magst du nicht mal über digitalen Unterricht sprechen? Mit mir in einem Podcast?" Aber in der Schule, da denke ich, könnte nicht nur ich, sondern auch andere Lehrkräfte mehr Raum und Wertschätzung brauchen.

6.2 Ohne Ausstattung geht nichts, oder?

Dieses Kapitel schreibe ich während eines Stromausfalls im Haus. Internetrecherche, das Versenden von Texten oder eine Zwischenfrage an die Redakteurin müssen heute entfallen. Möge der Akku des Gerätes lange halten! Hoffentlich geht mir kein Text verloren! Dies führt mich zu den Fragen: Wie kann Digitalisierung ohne Ausstattung und die notwendigen Rahmenbedingungen funktionieren? Wie können Hürden in der Haltung der Offenheit und des Experimentierens überwunden werden, wenn die Grundausstattung eine der stärksten Hürden darstellt?

Ein konkretes Beispiel zeigt, wie unzulänglich Schulen aufgestellt sind: Eine Lehrerin möchte die neue App, das neue Programm mit der Klasse erproben, befindet sich aber im Trakt des Hauptgebäudes, in dem es kein WLAN gibt. Dabei hatte sie schon ihr Privatgerät mitgebracht und auch die eigene Bluetooth Box, weil es beides an ihrer Schule nicht gibt. Dies ist kein Einzelfall.

Der Digitalpakt, der mit über 6,5 Milliarden Euro eine bessere Ausstattung bundesweit bewirken sollte, steht noch immer vor großen Hürden. Bis Ende Juni 2021 waren erst 852 Millionen abgerufen.[65] Dafür müssen Bund, Länder, Schulträger wie Stadt oder Kommune und die einzelne Schule selbst zusammen arbeiten und ihre Wege und Verfahren miteinander synchronisieren. Das gelingt unterschiedlich gut, zum Leidwesen der einzelnen Lehrkraft. Privatschulen, kirchliche Träger und Deutsche Auslandsschulen zeigen, wie es gehen könnte, wenn Verfahrenswege simpel sind und das Budget vorhanden. Das zeigen beispielsweise die Deutsche Auslandsschule in Singapur und Johannesburg (vgl. Schule verändern – jetzt!), aber auch das Pius-Gymnasium in diesem Buch und die Don-Bosco-Schule in Rostock.

Und auch hier gibt es einen Gender-Unterschied. Der Digital Gender Gap Bericht stellt fest: „Am Beispiel von Büroarbeitsplätzen zeigt sich, dass in Vollzeit berufstätige Männer gegenüber der weiblichen Vergleichsgruppe deutlich besser mit mobilen Geräten und digitalen Anwendungen ausgestattet sind.“ (S. 18f.[66]). Dazu trägt bei, dass Frauen mit etwa

---

65 Digitalpakt Schule. In: https://www.digitalpaktschule.de/ (recherchiert am 19.7.2022)

66 Digital Gender Gap (2021). In: https://www.kompetenzz.de/aktivitaeten/digital-gender-gap (recherchiert am 19.7.2022)

48% deutlich mehr in Teilzeit beschäftigt sind als Männer (11%), so fällt auch die schlechtere Ausstattung für Teilzeitkräfte doppelt ins Gewicht.

Sind also klassische Frauenberufe grundsätzlich schlechter ausgestattet? Wie kann ein digitaler Wandel einsetzen, ein Umdenken in der Haltung, wenn schon die ersten digitalen Gehversuche durch eine fehlende oder nicht ausreichende Ausstattung konterkariert werden? Wer möchte, dass Lehrkräfte innovativ und digital arbeiten, muss sie innovativ, mindestens aber ausreichend ausstatten und sie nach ihrem Bedarf befragen. Denn je nach Gebäude, Grundvoraussetzungen vor Ort und bisheriger Ausstattung ergeben sich ganz unterschiedliche Erfordernisse. Wer die angeschafften Geräte schließlich warten soll, in Stand hält und administriert ist ein weiteres Thema, das spätestens bei einer Befragung vor Ort sichtbar würde. Bisher übernehmen das einzelne Lehrkräfte, meist ohne zusätzliche Stundenentlastung, also in ihrer Freizeit. Für große Schulen und mehrere hundert Geräte wird das ein uferloses Unterfangen. Wünschenswert wäre also eine hohe Beteiligung der Einzelschule mit der Möglichkeit zu mehr Autonomie, auch budgetär und dem passenden abrufbaren Beratungsangebot dazu.

Ein Medienbildungskonzept oder – je nach Bundesland – ein Medienkonzept oder einen Medienentwicklungsplan zu konzipieren und mit Inhalt zu füllen, kann von einer Schule allerdings auch ohne oder mit einer nur rudimentären Ausstattung gestartet werden. Häufig erleben Schulentwicklungsberatungen, dass Kolleginnen und Kollegen argumentieren, *ohne WLAN und die versprochenen Endgeräte ginge das nicht.* Dieses Argument erscheint sachlogisch, wirkt jedoch wie ein Totschlag-Argument, denn schließlich befinden sich die Lernenden bereits auf zahlreichen Plattformen, nutzen Endgeräte, konsumieren (Lern-)Videos und sind doch von digitaler Mündigkeit häufig noch weit entfernt.

Auch hier und angesichts der geschilderten Situationen helfen die drei Fragen des Dagstuhl-Modells weiter: „Wie wirkt das? Wie nutze ich das? Wie funktioniert das?“ Antworten lassen sich – bezogen auf digitale Inhalte – auch ohne vollständige Ausstattung im Unterricht erarbeiten. Die Kompetenzen Kommunizieren und Kooperieren, Problemösen und Handeln, Analysieren und Reflektieren sind nicht direkt abhängig von digitalen Zugängen, sie können auch an Modellen und realen Problemstellungen gelernt werden. Deshalb sollte die fehlende Ausstattung Schulen nicht davon abhalten, sich inhaltlich mit Digitalisierung auseinanderzusetzen.

Nicht von der Hand zu weisen ist auch die Argumentation des Bildungsforschers Hans A. Pant:

> „Technikkompetenz und technische Infrastrukturen sind deshalb nicht da, weil wir Lernen nicht so gesehen haben, wie man es sehen sollte, nämlich als Lernen, das nicht nur an einen Ort gebunden und an ein Arrangement – Unterricht genannt – gebunden passiert." (Digitaler Impuls der Deutschen Schulakademie vom 7.7.2020[67])

Hätten wir also schon lange Digitalisierung als Chance oder Notwendigkeit gesehen, wären Schulen heute sowohl durch Bemühungen von oben als auch unten (durch Kollegien) sicher besser ausgestattet. Kam uns womöglich die schleppende Digitalisierung gut zupass?

6.3 Die Rolle der Kollegen

„Wir halten uns ja für so emanzipiert", sagte Karin Reichel im Interview. Schließlich gibt es schon lange das Frauenwahlrecht, die Schlechterstellung für Frauen in der Ehe wurde geändert und selbst in der Politik sind immer mehr Frauen zu sehen. Allerdings wurden alle diese Verbesserungen nur erreicht, indem auch Männer sich für Frauenrechte stark gemacht haben. Nur wenn Männer Frauen unterstützen, ihnen Gehör verschaffen, ihre Positionen stärken, können Frauen auch auf der Bühne Platz nehmen. Dass mehr Sichtbarkeit für mehr Frauen in der digitalen Bildung unerlässlich ist, haben die bisherigen Interviews im Buch gezeigt. Und erst dann, wenn eine Frau vorne steht, werden sich mehr Lehrerinnen am Wandel beteiligen, werden sich mehr zutrauen und mitsprechen und mitgestalten. Dafür braucht es die Unterstützung der Männer, wie mir dieser Mann verdeutlichte.

67 Hans Anand Pant: Digitaler Impuls für Schulentwicklung. Deutsche Schulakademie (7.7.2020). In: https://www.youtube.com/watch?v=rKNlpwOfxOI (recherchiert am 19.7.2022)

6.4 Interview mit Dejan Mihailović: Dagegen kommt man nicht an

Dejan Mihailović ist Blogger, Referent für Demokratiebildung und digitale Bildung und arbeitet als Lehrer.

Kati Ahl: *Welche Chancen siehst du, mehr weibliche Perspektiven für digitale Bildung aufzugreifen?*

Dejan Mihailović: Weibliche Perspektiven bzw. nicht männliche Perspektiven fehlen aufgrund des Patriarchats grundsätzlich in allen Bereichen. Für mich persönlich heißt das z. B., dass ich vor ein paar Jahren angefangen habe, verstärkt der Arbeit von Frauen zu folgen und zu lesen, um nachzuholen, was ich die letzten Jahrzehnte versäumt habe. Sich ganz bewusst und verstärkt mit anderen Perspektiven und auch Themen auseinanderzusetzen, ist wichtig. Dazu gehören Personen wie Franziska Schutzbach.

KA: *Im Gleichstellungsbericht 2021 gibt es die Aufforderung, den Blick wegzunehmen von „fix the women" hin zu „fix the company" oder die Einrichtung, die strukturelle Benachteiligung aufzuspüren und auszugleichen. Also 73 Prozent der Lehrkräfte sind weiblich. Ich wünsche mir, dass wir mehr weibliche Lehrkräfte für digitale Bildung gewinnen können. Siehst du das auch so?*

DM: Es stimmt, dass der Großteil der Lehrkräfte weiblich ist. Wenn man sich aber in den Führungsebenen umsieht, bietet sich ein anderes Bild. Den Wunsch, mehr weibliche Lehrkräfte für digitale Bildung zu gewinnen, teile ich, wenn es darum geht, diverse Gremien, Panels oder Entscheidungsprozesse zu erhalten. Beim Verständnis von einer Kultur der Digitalität oder bei Ideen zeitgemäßer Bildung, denke ich, dass es hier über alle Personenkreise hinweg noch Luft nach oben gibt. Und nur Internetzugang zu haben und im Netz zu sein, heißt nicht zwangsläufig zu verstehen, wie Netzkultur funktioniert.

KA: *Auch dann, wenn die Kultur noch ungeklärt ist: Wie können wir Frauen stärker einladen?*

DM: Indem man ihnen immer wieder eine Bühne bietet, für sie attraktive Räume und Möglichkeiten schafft und auf Frauen und ihre bereits bestehende Arbeit bzw. Expertise hinweist und sie überall einbindet und berücksichtigt.

KA: *Ich gehe von der Prämisse aus: Ich kann nur mitgestalten, ich kann nur mitentscheiden, wenn ich auch informiert bin oder mich auch als kompe-*

tent und beteiligt erlebe. Digitalisierung und die Veränderung der Kultur ist schon im Entstehen – und ein Teil der Gesellschaft, der weiblichen, ist gefühlt nicht dabei.

DM: Wenn wir jetzt speziell über Lehrkräfte allgemein sprechen, dann denke ich, dass der Job einfach doch bestimmte Menschen oder Typen anzieht. Das heißt, die Menschen, die sich für Sicherheit, Kontrolle, Kontinuität entscheiden, sind in der Regel nicht die, die kreativ sind – und ich meine kreativ im Sinne von innovativ und progressiv. Das alles braucht man für eine Transformation.

KA: *Wie kommen wir von dieser gefühlten Stagnation los?*

DM: Gerade habe ich die große Bosch-Studie gelesen, die das nochmal bestätigt hat (gemeint ist der BoschTechCompass2022, Anm. d. Autorin). Diese Skepsis vor Technologie, das ist so typisch deutsch verankert. Das sind nicht nur speziell Lehrkräfte, sondern es gibt auch kulturell in Deutschland sehr starke Skepsis oder Abneigung gegen Technik, oder auch die Sorge vor KI als Bedrohung.

KA: *Also gibt es aus deiner Sicht gar keine besondere Situation in Bezug auf Frauen und Technik?*

DM: Ich denke, dass es bei der von dir zuvor angesprochenen Veränderung der Kultur durch Digitalisierung einfach grundsätzlich Schwierigkeiten in Deutschland gibt. Eine besondere Situation in Bezug auf Frauen gibt es leider in allen Bereichen, auch rund um Digitalität, da es sich um strukturelle Probleme handelt. Hier werden Rollenbilder und Vorstellungen reproduziert und Bedingungen geschaffen, die es Frauen erschweren, ihren Weg zu finden und zu gehen. Männer, die sich überschätzen und Frauen, die sich unterschätzen, sind ein Ergebnis davon.

KA: *Hast du ein Beispiel?*

DM: Neulich habe ich für ein Event eine Kollegin empfohlen, die sehr viel auf dem Kasten hat. Das Umfeld war dort sehr männlich dominiert und es würde mich nicht wundern, dass sie nicht genommen wurde, weil sie eine Frau war oder weil eben ein anderer Mann ihr vorgezogen wurde. An ihrer Expertise kann es auf jeden Fall nicht gelegen haben.

KA: *Das würde bedeuten, dass kompetente Männer auch ein bisschen Platz machen müssen, damit die kompetenten Frauen sichtbar werden.*

DM: Definitiv. Es ist einfach ein Kuchen, der aufgeteilt werden muss. Und wenn wir eine Diversität in Expertise haben wollen, dann müssen wir Platz machen. Man kann nicht nur sagen: Ja, wir wollen auch mehr Frauen. Aber dann heißt es natürlich auch für mich, ich muss zurücktreten und Raum machen.

KA: *Das sehen natürlich nicht viele Männer so.*

DM: Es ist für mich der zentrale Punkt, der mir in den letzten Jahren viel, viel klarer geworden ist. Feminismus ist eine gesamtgesellschaftliche Aufgabe und muss als solche betrachtet und kommuniziert werden; also auch von Männern. Auch um dem entgegenzuwirken, dass es oft als ein Problem von Frauen beschrieben wird, welches sie lösen müssen.

KA: *Das höre ich auch öfter, dass die Frauen jetzt einfach mal anfangen sollen.*

DM: Ich habe ja zwei große Steckenpferde. Das sind digitale Transformation und Demokratiebildung, und Feminismus ist von beiden ein Teilaspekt. Sexismus und andere Formen der Diskriminierung sind Baustellen davon. Sie sind ganz undankbare Felder, weil sie Veränderung erfordern. Da gibt es eben Menschen, die wollen nicht, dass sich was ändert. Menschen, die von den bisherigen Machtstrukturen profitieren, werden sich immer gegen solche Veränderungen wehren, weil sie zu Recht persönliche Verluste befürchten. Diese reflexartigen Reaktionen werden wir leider immer haben.

KA: *Du bist ja auch Experte für Barcamps. Wären Barcamps eine Möglichkeit, um mehr weibliche Stimmen zu hören, zum Beispiel an einer Schule?*

DM: Immer. Also ein Barcamp ist für mich Empowerment durch und durch. Man schafft Raum für alles, was im Raum steht und für das, was gehört und gemacht werden möchte, also für alle Bedürfnisse und Bedarfe. Barcamps sind sicher ein Ansatz unter vielen, die dazu beitragen können, dass Frauen mehr gehört werden. Aber auch da muss man es schaffen, dass Frauen von sich aus anbieten: Ich mache eine Session, ich biete etwas an. Auch bei Barcamps wirst du viele Männer vorne stehen sehen, die Sessions einreichen – und Frauen erleben, die eher sitzenbleiben.

KA: *Da stellt sich die Frage, ob wir nicht tatsächlich eine strukturelle Veränderung brauchen und z. B. Plätze für Männer und Plätze für Frauen reservieren.*

DM: Ja … dann wäre es aber kein Barcamp mehr. Im Duo mit einer weiblichen Moderatorin aufzutreten, kann ein erfolgreicher Ansatz sein. Wir haben die Erfahrung gemacht, dass mehr Frauen aufstehen, wenn eine Frau und ein Mann gemeinsam moderieren.

KA: *Das wäre ein gutes Beispiel für gelungenes Verhaltensdesign nach Bohnet (vgl. S.58). Was wäre noch möglich, was wäre unser roter Vorhang, damit kompetente Frauen mehr ins Spiel kommen?*

DM: Wichtig wäre, dass Spitzenpositionen mit Quoten geregelt werden, denn da beobachte ich immer wieder dieses Peter-Prinzip.

KA: *Auch da würden ja Frauen vorne stehen und vielleicht eine andere Wirkung auf weitere Frauen ausüben.*

DM: Genau. Auslosen ist für manche Aufgaben auch ein faireres Verfahren. Verzicht auf Gender-Aussagen bei Bewerbungen zu Ausschreibungen wäre ein weiterer wichtiger Schritt.

KA: *Demokratieförderung bedeutet ja auch mehr Partizipation. Da hast du sicherlich ein breites Know-how und ich könnte mir vorstellen, dass das, was für Schülerinnen wirkt, auch auf der Ebene des Kollegiums funktioniert. Hast du da außer Barcamps noch Tipps?*

DM: Unabhängig vom Format oder von Zielen: Die größte Hürde ist grundsätzlich erstmal diese ungerechte Verteilung von Macht. Demokratiebildung hängt davon ab, inwiefern Personen bereit sind, den Raum für Partizipation zu schaffen und zu öffnen und Macht abzugeben. Auf Schüler:innen-Ebene ist es schon so, dass diese angesprochenen Strukturen reproduziert werden, auch in Klassenzimmern. Da haben natürlich die Jungs wieder die größte Klappe. Sie sind eher laut, sie brauchen dich, sie fordern viel Raum ein und binden viele Ressourcen, Energie, Kraft von Lehrkräften.

KA: *Wie gelingt es dir in dem Fall, ein Setting zu schaffen, in dem junge Frauen oder junge Mädchen den Raum finden, sich beteiligen möchten?*

DM: Indem wir zum Beispiel Bücher von bell hooks, Tupoka Ogette oder Franziska Schutzbach bearbeiten und deren Inhalte und Perspektiven kennenlernen und diskutieren. Dabei eine Umgebung zu schaffen, in der alle Personen eine Wertschätzung erfahren, sich öffnen können und diverse Lebenskonzepte toleriert werden, ist gar nicht so leicht, aber machbar. Das heißt, man muss als Leitung gezielt viel Zeit und Kraft investieren, einen Raum zu schaffen, in dem ein Grundvertrauen dafür herrscht.

KA: *Dann wäre es die Aufgabe von Vorgesetzten, Raum für Frauen zu schaffen, damit sie Gehör finden.*

DM: Ja, wenn man das schafft, ist schon Manches erreicht.

6.5 Weibliche Kompetenzen und Perspektiven nutzen ...

Über weibliche Kompetenzen oder defizitäre Zuschreibungen zu schreiben, ist ebenso kniffelig, wie rein männlich zugeschriebene Kompetenzen in Frage zu stellen. Denn „die weiblichen Kompetenzen“ gibt es natürlich nicht. Wie wir beim Vergleich der Gehirne gesehen haben, gibt es biologisch sehr wenige Unterschiede und sehr große Überschneidungen. Welche Faktoren zu welchen Verhaltensweisen führen, ist zudem sehr strittig. Ich möchte die weiblichen Kompetenzen daher festlegen auf die Verhaltensweisen, die aktuell statistisch signifikant feststellbar sind. Ob die Ursache in Zuschreibungen oder eigenen Glaubenssätzen liegen, und ob die positiv konnotierten Kompetenzen wie Kooperation und Kommunikation gleichzeitig festschreiben, dass Dominanzverhalten und Durchsetzungsfähigkeit weniger angestrebt werden, ist nicht Thema dieses Buches. Ich habe mich entschieden, trotzdem über gesamtgesellschaftlich beobachtbare Unterschiede zu schreiben, weil die Kraft in der Vielfalt liegt. In der Vielfalt zwischen Frauen und Frauen, Männern und Männern und diversen Gruppen. Begeben Sie sich mit mir also auf das Glatteis, positiv konnotierte messbare, weibliche Kompetenzen zu betrachten, ohne Frauen darauf beschränken und sie auf rein kooperatives Verhalten reduzieren zu wollen. Und ohne Männern diese Kompetenzen abzusprechen, da wir nicht das Individuum, sondern messbare Unterschiede betrachten. Kniffelig, aber möglich.

Es wurde in den Interviews immer wieder bestätigt und es lässt sich auch durch Studien belegen: Frauen kollaborieren besser. In den 2017 veröffentlichten Ergebnissen der OECD Studie zum „Problemsolving“[68] schnitten für alle teilnehmenden Länder 15jährige Mädchen besser ab als Jungen, teilweise deutlich besser (S. 96). Erklärt wird diese Beobachtung dort mit einer weiteren internationalen Studie, die für Frauen eine signifikant höhere Kooperationskompetenz durch Kompromissfähigkeit und die Fähigkeit, Einvernehmen in Gruppen herzustellen, nachweist (ebda., S. 95). Das hat auch großen Einfluss auf die digitalen Kompetenzen von Frauen, befindet die KOFA-Studie[69] von 2019. Sie be-

68 Collaborative Problem Solving. Pisa 2015 Results. In: https://read.oecd-ilibrary.org/education/pisa-2015-results-volume-v_9789264285521-en#page96 (recherchiert am 19.7.2022)

69 KOFA-Studie (2019). In: https://www.econstor.eu/bitstream/10419/207756/1/1683363000.pdf (recherchiert am 19.7.2022)

zieht sich auf den Digital Competence Framework für Europa[70] und stellt fest, dass Frauen in den Unterkompetenzen Kommunikation und Informationskompetenzen höhere Werte erzielen als Männer, in den Unterkompetenzen der Problemlösekompetenz und Software skills deutlich niedrigere Werte. Andererseits erzielen sie laut der ICILS Studie 2018 höhere Werte beim Computational Thinking[71]. Wie lassen sich diese Erkenntnisse positiv nutzen, um Frauen mit Blick auf ihre digitale Kompetenz zu ermutigen, zu stärken und einzuladen, mitzumischen?

Die digitalen Kompetenzen bestehen aus Unterkompetenzen. Lehrerinnen sollten also dort einsteigen, wo sie sich sicherer fühlen, eigene Kompetenzen einbringen können und Motivation finden. Schulen könnten konkret mit Folgendem beginnen:

das Verfassen von E-Mails im Unterricht üben; die Teilnahme an sozialen Netzwerken erfragen, analysieren und Daten interpretieren; Text- und Infoteile zusammenstellen, die auf der Homepage der Schule veröffentlicht werden können (z. B. einen Newsletter aus Sicht der Schüler*innen, eine Pinnwand); Internet-Recherche zu Unterrichtsthemen und die Analyse von Internetquellen; Möglichkeiten von im Netz kollaborativen Formaten erproben wie *Taskcards* oder *Cryptpads*.

Schulen, die in digitaler Bildung schon fortgeschrittener sind, nutzen diese Zugänge längst. Das sind jedoch nur beispielhafte Einstiege, die an den eher Frauen zugeschriebenen Kompetenzen anknüpfen und damit einladender wirken können. Außerdem lässt sich gut nutzen, was Micha Pallesche und Claudia Pangh für ihre Schulen entdeckt haben und was die Gender Gap Studie belegt: Frauen arbeiten gerne in Sinn- und Kontextbezügen. Wenn digitale Tools also für Nachhaltigkeit, ethische Fragen oder für soziale Gerechtigkeit eingesetzt werden, ist das Interesse groß.

Hier also meine Schlussfolgerungen, wie die Bildungstransformation von weiblichen Perspektiven profitiert.

---

70 DigComp2.1 (2017) unter https://digid.jff.de/digid_paper/digcomp-2-1-the-digital-competence-framework-for-citizens-with-eight-proficiency-levels-and-examples-of-use/ (recherchiert am 19.7.2022)

71 ICILS 2018 #Deutschland. In: https://kw.uni-paderborn.de/fileadmin/fakultaet/Institute/erziehungswissenschaft/Schulpaedagogik/ICILS_2018__Deutschland_Berichtsband.pdf (recherchiert am 19.7.2022)

6.5.1 ... durch Visionssuche und das WIR des Kollegiums

Jöran Muuß-Merholz beschreibt in einem seiner Blog-Beiträge, wie wichtig Schulentwicklung und das Ringen um eine gemeinsame Vision sind. Für Lehrerinnen mit der besonderen Kompetenz, Einvernehmen in Gruppen anzustreben, ist das ein guter Einstieg. Also beschränken wir die Digitalisierung nicht auf „Quizzifizierung", nicht als Werkzeugkasten, aus dem wir einzelne Tools wählen, sondern sprechen wir in Schulen darüber, wie wir zeitgemäße Bildung verstehen. Dieser Zugang ermöglicht allen, sich zu beteiligen und kann die eher weibliche Perspektive verstehen helfen.

Auch das Forum Bildung Digitalisierung formuliert in seiner Vision mit „Zehn Denkanstöße(n) für die digitale Transformation im schulischen Bildungsbereich"[72] die Notwendigkeit einer klaren Vision für eine bildungsgerechte Schule in der digitalen Welt.

> „Dazu gehört, dass eine Vision des erweiterten pädagogischen Handlungsspielraums, der durch die digitale Transformation entsteht, für die bestmögliche Förderung aller Schülerinnen entwickelt wird, der es allen Kindern und Jugendlichen ermöglicht, ihre persönlichen Potenziale voll auszuschöpfen." (ebda. S. 4)

Die bestmögliche Förderung für Mädchen bedingt eine aktive Rolle der Lehrerinnen.

6.5.2 ... durch Kooperation und OER

Frauen kooperieren und lernen dabei gerne von anderen Frauen, folglich kann ein guter Einstieg eine neue Gemeinschaftlichkeit unter Pädagoginnen im digitalen Raum sein. Nele Hirsch, Pädagogin und Bildungswissenschaftlerin hat die Grundlagen des Teilens unter Lehrenden in ihrem „Geschäftsmodell des Teilens"[73] erklärt. Sie selbst stellt ihre Materialien online zur Verfügung und erklärt z. B. OER, die Open Educational Resources, die unter bestimmte Lizenzen gestellt werden und damit anzeigen, wie sie genutzt werden dürfen. Christine Kolbe von EduLabs dazu:

72 Zehn Denkanstöße für die digitale Transformation im schulischen Bildungsbereich (2021). In: https://www.forumbd.de/publikationen/visionen-fuer-das-system-schule/ (recherchiert am 19.7.2022)

73 Geschäftsmodell des Teilens (2020) unter https://ebildungslabor.de/blog/gdt/ (recherchiert am 19.7.2022)

> „Unserer Erfahrung nach führt der Gedanke von freiem Wissen und einer konsequenten OER-Strategie zu einer neuen Kultur der Offenheit, zu einem dringend geforderten Austausch – aber auch zu einer Unabgeschlossenheit, die Raum für neue Wege lässt und mit dem Tempo des technologischen Wandels Schritt hält. [...] Der Einsatz von Bildungsmaterialien unter freien Lizenzen entfaltet aber auch pädagogisch eine große Wirkung: Die Lehrenden bekommen verbesserte Möglichkeiten, Lernende individuell zu fördern und zu beteiligen, denn offene Bildung entsteht nicht nur durch neue Materialien, sondern aus einer gelebten Praxis der Partizipation." (in: Magazin ExcitingEdu, Heft 1/2019, S. 8[74])

Da Lehrerinnen häufig in Teilzeit arbeiten, sind sie mit asynchronen Fort- und Weiterbildungsangeboten, Unterrichtsvorbereitung und außerunterrichtlichen Tätigkeiten vertraut. Ihre Flexibilität und die der Schule, die solche Arbeitsbedingungen schafft, kommen allen Lehrkräften zugute. Asynchron miteinander und voneinander zu lernen, kommt Lehrerinnen entgegen.

6.5.3 ... durch Teacher agency

Im OECD Lernkompass 2030 wird neben den Skills für 2030 für Lernende auch für Lehrkräfte eine neue Kompetenz gefordert: Teacher agency[75]. Erschließen lässt sich der Begriff, wenn wir auf die parallel gebildeten Anforderungen Student Agency und Co-Agency schauen, „d. h. Schülerinnen und Schüler mit eigenständiger Handlungs- und Gestaltungskompetenz und Unterstützung durch ihre Umgebung, vor allem durch ihre Lehrkräfte (Teacher Agency)" (ebda. S. 17). Auch hier profitieren Lernende von weiblichen Kompetenzen: Wer gut auf andere achtet und hohe Kooperationskompetenzen besitzt, kann besser in kokreativen Prozessen unterstützen. Und: Lehrende können hier gleichzeitig mit Lernenden lernen. Eine veränderte Rolle bedingt ein verändertes Selbstverständnis. Teilweise wissen Lernende auch besser als Lehrende, mit welchen (digitalen) Tools sie ihren Lernweg erfolgreich gehen können.

---

74 Wir sind Digitale Bildung (1/2019). In: https://excitingedu.de/wp-content/uploads/2019/03/Magazin-excitingedu_Ausgabe-1.pdf (recherchiert am 19.7.2022)

75 OECD Lernkompass 2030. In: https://www.oecd.org/education/2030-project/contact/OECD_Lernkompass_2030.pdf (recherchiert am 19.7.2022)

6.5.4 … durch Diklusion als Kontext

Diklusion ist eine Wortschöpfung aus den beiden Begriffen „digitalen Medien“ und „Inklusion“. Sie stammt von Lea Schulz, Studienleiterin am Institut für Qualitätsentwicklung für Schulen in Schleswig-Holstein (im Interview ab S. 126). Dahinter steckt ein Konzept, dass durch die Verknüpfung digitaler Medien Inklusion neu in den Fokus rücken will.

> „Nur durch die Forcierung inklusiver Werte, durch die Stärkung des Selbstbewusstseins und der Handlungsoptionen der Schüler*innen, die in einer wertschätzenden und auf ihre Potenziale ausgerichteten Schulgemeinschaft Bildung erfahren dürfen, kann diese offene und auf Teilhabe ausgelegte Gesellschaft erreicht werden“, schreibt Schulz.

Gemeint ist eine neue Perspektive auf einen digital-inklusiven Unterricht, „der einerseits die Individualität des Einzelnen berücksichtigt und gleichermaßen den Zusammenhalt unter den Schüler*innen stärkt“ (ebda.). Das wiederum betrifft alle Schülerinnen und Schüler.

Schulz unterscheidet den Transformationsprozess für die verschiedenen Ebenen vom Individuum im Unterricht bis hin zur Organisation und Gesellschaft. Die Möglichkeiten der Verschränkungen können also als assistive Unterstützung im Unterricht, als Medien, als Lernmittel oder Werkzeuge im Unterricht oder zur Unterstützung von Lehrenden verstanden werden. Was das für verschiedene Ebenen bedeutet, zeigt Abb. 13.

Abb. 13: Diklusion – eine Wortschöpfung aus den Begriffen „digitale Medien“ und „Inklusion“ (Lea Schulz, Studienleiterin am Institut für Qualitätsentwicklung für Schulen in Schleswig-Holstein)

Da Inklusion zu den größten Herausforderungen im Schulalltag vieler Lehrkräfte zählt, ist der Einstieg und die Rahmung digitaler Medien als Unterstützungschance, Arbeitserleichterung, aber auch Professionalisierung von Hilfsangeboten im Unterricht sehr gewinnbringend. Genau aufgegliedert werden alle Anregungen in „Diklusive Lernwelten“. (L. Schulz/ I. Krstoski u. a., 2020)

Wir haben gesehen, dass Frauen digitale Lernchancen dann bevorzugen, wenn sie einen hohen praktischen und sozialen Nutzen zeigen. Deshalb wäre Diklusion eine besondere Einladung, sich mit den Chancen digitaler Bildung intensiver zu befassen. Wie das gelingt, habe ich selbst in einer ihrer Fortbildungen erlebt: Schulz beschreibt sehr anschaulich und realitätsnah, wie sie einfache Diktier- und Vorlesefunktionen im Unterricht einsetzt, Übersetzungsfunktionen in Elterngesprächen verwendet und somit schon durch einfache Anwendungen mehr Teilhabe ermöglicht. Sie betont, dass in einer Kultur der Digitalität *alle* mitlernen.

6.5.5 ... durch Digitalisierung und Ethik

> „Das Nachdenken über die Ethik der Digitalisierung wird – und muss! – uns noch viele Jahre begleiten – denken wir nur an die bevorstehenden Innovationen in den Bereichen der künstlichen Intelligenz, der virtuellen Realität oder der sich verändernden Schnittstelle zwischen Mensch und Maschine,“ so sagt Bundespräsident F.-W. Steinmeier bei der Rede zur Präsentation des internationalen Projekts Digitalisierung und Ethik, 2022[76].

Gerade eher technikskeptische Kolleginnen werden sich gerne in den Diskurs zur Digitalisierung und Ethik einbringen wollen. Damit entspricht der Aspekt der Ethik genau einem der Kontexte, in dem Mitbestimmung und Gestaltung erforderlich werden, wenn die Grundsätze der digitalen Mündigkeit angesprochen werden. Auch das Dagstuhl-Modell geht ja von der Frage aus, wie wir die Digitalisierung beeinflussen und wie – in der Wechselwirkung – die Digitalisierung unsere Gesellschaft beeinflusst.

Welche Standards sollen gesetzt werden? Das lässt sich im kleinen Rahmen der eigenen Schule fragen, aber auch gesamtgesellschaftlich.

---

76 Ergebnispräsentation des internationalen Forschungsprojekts. In: https://www.bundespraesident.de/SharedDocs/Reden/DE/Frank-Walter-Steinmeier/Reden/2022/02/220207-Ethik-der-Digitalisierung-Abschluss.html (recherchiert am 19.7.2022)

Welche Regeln nutzen wir? Welche Maßstäbe haben wir beispielsweise für digitale Kommunikation, welche für kollaboratives Arbeiten? Wie nutzen wir digitale Möglichkeiten für das, was ethisch geboten ist? Welche Algorithmen spielen uns welche Informationen zu, und wie beeinflussen sie unsere Einschätzung?

Während ich dies schreibe, herrscht in der Ukraine Krieg. Nachrichten überschlagen sich, teilweise auch widersprüchliche. Welche Darstellung stimmt? Warum werden teilweise falsche Bilder aus anderen Kontexten genutzt, um die erschreckenden Nachrichten zu bebildern? (vgl. Bild-TV am 24.2.2022[77])

In diesem Zusammenhang lese ich von einem 22jährigen Bauzeichner aus der Schweiz, der sich an der Aufklärung der Tatsachen beteiligt, indem er einfache, offen zugängliche digitale Möglichkeiten nutzt[78]. Er belegt anhand von Internetbildern Truppenbewegungen und Aktivitäten der russischen Armee, die vorher unklar waren, und erfährt internationale Anerkennung. Noch bevor die Geheimdienste-nes taten, warnte er im Dezember 2022 vor starken Aktivitäten in einem Militärlager an der Grenze zur Ukraine, dabei berief er sich auf Satellitenbilder.

Solche Recherchen von privaten Usern nennt man mittlerweile Open Source Intelligence (Osint). Sie spielen eine immer größere Rolle bei der Aufklärung von komplexen internationalen Zusammenhängen. Seinem Twitteraccount folgen mittlerweile 130.000 User*innen und auch die Geheimdienste lernen von ihm und ähnlich Aktiven. So berichtet auch die Neue Züricher Zeitung (NZZ): Pittet hilft also mit anderen User*innen zusammen in detektivischer Recherchearbeit, Ereignisse im Ukraine-Krieg zu verifizieren und öffentlich darzustellen. „Vielleicht kann das Material dereinst vor Gericht verwendet werden", so Pittet. Halten wir fest: Dass Netz lässt sich sehr unterschiedlich nutzen, auch für ethisch wichtige Zwecke.

77 Bild-TV nutzte im Bericht über Russland-Ukraine-Krieg falsche Bilder (25.2.2022). In: https://correctiv.org/faktencheck/2022/02/25/bild-tv-nutzte-in-bericht-ueber-russland-ukraine-krieg-falsche-videos-hat-den-fehler-aber-korrigiert/ (recherchiert am 19.7.2022)

78 Auf der Spur von Russlands Truppen (25.4.2022). In: https://www.nzz.ch/schweiz/ukraine-ein-22-jaehriger-schweizer-spuert-putins-truppen-nach-ld.1679787?mktcid=nled&mktcval=120&kid=nl120_2022-4-29&ga=1vom (recherchiert am 19.7.2022)

6.5.6 ... durch gemischte Teams

Die Stifterin und Psychologin Helga Breuninger, der Gehirnforscher Gerald Hüther sowie der Innovations- und Design thinking-Experte Ulrich Weinberg haben zusammen mit Peter Spiegel den Begriff des WeQ geprägt[79]. Gemeint ist der gemeinschaftlich höhere IQ als Gruppe, so wie die Summe der Individuen als Gruppe mehr als die Addition einzelner Teilnehmenden ist. Mir gefällt dafür das Bild eines Orchesters, das die gemeinsame Musik erst durch das Zusammenspiel hervorbringt und mehr bedeutet als die Aufsummierung aller Instrumente. Während des eigenen Spiels den gemeinsam gewebten Klangteppich wahrzunehmen und daran mitzuwirken, manchmal lauter oder leiser mitzuspielen, damit das Kunstwerk erst richtig erklingt, bedeutet Freude und macht hörbar, wie Gruppen gemeinsam eine neue Kreation schöpfen können. WeQ, so beschreiben es die Autorinnen und Autoren, ist die gemeinsame Gruppenintelligenz, die für zukünftige Herausforderungen in einer zunehmend unsicheren Welt benötigt wird.

Gemischte, divers aufgestellte Teams, haben aber darüber hinaus weitere Vorteile. Einige Studien wie die Harvard Studie[80] weisen auf die guten Leadership Skills von Frauen hin. Insbesondere die Messwerte für die folgenden Führungsqualitäten lagen für Frauen höher:

- Initiative ergreifen,
- Resilienz,
- sich selbst weiterentwickeln,
- zielorientiert arbeiten,
- hohe Integrität und Ehrlichkeit,
- andere in der Entwicklung unterstützen und motivieren.

Leicht höhere Werte erreichten männliche Führungskräfte in den Werten für technische Expertise und strategische Perspektiven.

In ihrem Buch Women Ressource 4.0 belegen Malte Wattenberg und

79 WeQ – More than IQ (2015). In: https://www.oekom.de/_files_media/titel/leseproben/9783865817525.pdf (recherchiert am 19.7.2022)

80 Research: Women Score Higher Than Men in Most Leadership Skills (2019). In: https://hbr.org/2019/06/research-women-score-higher-than-men-in-most-leadership-skills (recherchiert am 19.7.2022)

Swetlana Franken für Betriebswirtschaft und Personalmanagement anhand zahlreicher Studien, dass diverse Teams innovativer sind.

> „Durch verschiedene Sichtweisen und Wissensstände denken divers zusammengestellte Teams anders als homogene Teams. Es entstehen mehr Diskussionen um Konsens, wodurch das kreative Ideen Potenzial erhöht wird und in Folge zu innovativen Lösungen führt“(S. 189). Team-Mitglieder bringen durch ihre unterschiedlichen Ausprägungen verschiedene Sachaspekte, Kompetenzen, Hintergründe und Sichtweisen ein, welche für die digitale Transformation relevant sind, „da die Vielfalt im Team zu mehr Offenheit ,Flexibilität, Kreativität und damit Innovationsfähigkeit führt“ (vgl. ebda.). Vielfalt gilt daher als Treiberin der Digitalisierung.

Auch geteilte Führung bringt bessere Ergebnisse, belegt Mc Kinsey in der Studie zu Mixed Leadership. Wichtig ist dabei, dass nicht einzelne Personen allein eine Sonderrolle in Führungsteams einnehmen, sondern mindestens 30 % divers besetzt sein müssen. Die Frankfurter Allgemeine Zeitung fasst es in ihrem Artikel „Frauen machen Führung besser“ so zusammen:

> „[...] die Vielzahl von Studien zum Erfolg divers besetzter Führungsgremien, ‚Mixed Leadership‘, ist überwältigend. So zeigen Langzeit-Untersuchungen von Catalyst, McKinsey, EY und Boston Consulting Group, dass ein Frauenanteil von mindestens 30 Prozent in den wichtigsten Entscheidungsgremien zu einer höheren Leistung der Organisation als Ganzes führt, da Frauen und Männer sich in ihren Fähigkeiten ergänzen. Warum 30 Prozent? Weil dann die Person und nicht mehr das Geschlecht gesehen wird.“[81]

Dass dies nicht nur für gendergemischte Führungsteams gilt, zeigen die Charta der Vielfalt[82] und die dort vorgestellte Studie zur Diversität in Deutschland (2016).

81 Frauen machen Firmen besser (2.1.2021). In: https://www.faz.net/aktuell/karriere-hochschule/buero-co/gastbeitrag-frauen-machen-firmen-besser-17119403.html (recherchiert am 19.7.2022)

82 Diversity in Deutschland (2016). In: https://www.charta-der-vielfalt.de/fileadmin/user_upload/Studien_Publikationen_Charta/STUDIE_DIVERSITY_IN_DEUTSCHLAND_2016-11.pdf (recherchiert am 19.7.2022)

7 Erkenntnisse, eine Torte und ein Poti

Deutschland ist technikskeptisch. Die bisherige Gender-Zuschreibung funktioniert teilweise zu gut und ist bequem. Damit ist nur ein Teil der Gesellschaft am kulturellen Wandel beteiligt. Veränderung ist unbequem und braucht häufig eine Krise als Katalysator. Hier wird deutlich, dass für den digitalen Wandel auch Frauen und insbesondere Lehrerinnen noch viel stärker als bisher benötigt werden. Wie der Einbezug gelingt, zeigen die folgenden Erkenntnisse und Thesen im Espressoformat.

7.1 Warum gibt es den Digital Gender Gap?

Zustände und Verhaltensweisen, die nicht benannt werden, werden häufig nicht erkannt. Und dann auch nicht geändert. Expertinnen und Experten für Digitalisierung sprechen oder verhalten sich noch zu „nerdig“. Das erschwert Nicht-Nerds den Zugang.

- Der Satz „Frauen können keine Technik“ wirkt limitierend für sich und andere.
- Es gibt für weibliche Digitalisiererinnen gute Role Models, sie sind aber zu wenig sichtbar.
- Sichtbarkeit funktioniert durch Sprache, Abbildung positiver Rollenvorbilder, Rezipieren weiblicher Perspektiven der Expertinnen.
- Es gibt noch zu wenige Männer, die auf der Bühne, den Panels, den Expertenrunden Platz machen, Frauen einladen, echte Beteiligung herbeiführen und Power-sharing im Tandem etablieren.
- Es gibt zu wenig Wertschätzung für eher weibliche Kompetenzen und deren Impact in der Bildungstransformation.

7.2 Fix the women, fix the men? – Wie ändern wir das in Schule?

Wir brauchen mehr Frauen als Vermittlerinnen.

- Entwicklerinnen und Entwickler sollten eng mit den Usern zusam-

menarbeiten, sich für mehr Ästhetik und Design, für attraktiv gestaltete digitale Angebote einsetzen und auf intuitive Nutzung achten.
- Wir benötigen ein breites Angebot von niedrigschwelligen Informationen, Fort- und Weiterbildungen für Anfängerinnen.
- Wir brauchen gute Strukturen mit Mentorinnen, Teamwork, Voneinander-Lernen als Prinzip.
- Die Methoden der Schulentwicklung sollten sich auf kleine Schritte, Vermittlung von positiven Bildern und auf Digitalisierung im inhaltlichen Kontext fokussieren.
- Wir sollten die Gender-Perspektive in allen Angeboten berücksichtigen; durch Methoden und Formate, die Frauen stärker ansprechen und die die Vereinbarkeit von Familie und Beruf ebenso berücksichtigen wie Teilzeitarbeit.
- Wir brauchen asynchrone Angebote.
- Wir brauchen mehr Männer, die gerne gemeinsam mit Kolleginnen auf der Bühne stehen und die Vorteile darin erkennen.

7.3 Fix the organisation? - Wie ändern wir exklusive Strukturen?

Diese Herausforderung ist groß. Erste Schritte sind
- Evaluationen starten (Befragungen können Hürden im eigenen System aufdecken),
- Partizipation als Element einer grundlegenden Demokratisierung fördern, z. B. in Barcamps,
- mehr Wert auf Diversität in Sprachen, Kulturen und Gender-Aspekten legen und sichtbar machen,
- gemeinsame Visionen für Schulen der Zukunft anstreben und Veränderungen im größeren Kontext denken (bspw. Bildung für nachhaltige Entwicklung und Sustainable Goals),
- die Kraft diverser Teams erkennen, wertschätzen und offensiv vorantreiben,
- Mixed Leadership auch für die Projekt- oder Steuergruppe Digitalisierung einführen,
- mehr Frauen in Führungspositionen einsetzen, die anders Mut für Digitalisierung machen können.

7.4 Für die Zukunft

Mit Blick auf die Zukunft müssen sich sowohl jede und jeder Einzelne als auch die Gesellschaft und ihre Institutionen ihrer Verantwortung bewusst werden, etwa dadurch, dass

- vielfältige Zugänge zu Studiengängen geschaffen werden,
- Doing Gender in Institutionen und Verwaltung vermieden wird,
- gendergerechter Unterricht vorangetrieben wird (z. B. mehr Männer, die vorlesen und mehr Frauen, die Informatik unterrichten),
- Kindern und Jugendlichen echte Entscheidungsfreiräume ermöglicht werden, indem sie z. B. Programmieren erproben,
- wir uns selbst hinterfragen, uns immer wieder fordern und Neues und Ungewöhnliches wagen, um auch Neues überhaupt denken zu können.

7.5 Eine Torte der Wahrheit und ein Poti

Kennen Sie Katja Berlin und ihre „Torten der Wahrheit", die sie regelmäßig in der ZEIT veröffentlicht? Darunter gibt es diese Torte für die Digitalisierung, die selbsterklärend ist und den Stand der Digitalisierung an Schulen auch treffend beschreibt (Abb. 14). Wenn es gelingt, mehr Lehrerinnen zu beteiligen und Hürden abzubauen, kann auch hier mehr Schwung entstehen, davon bin ich überzeugt.

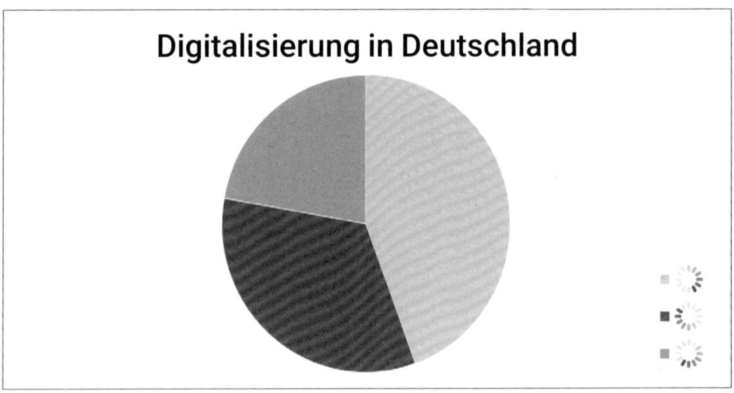

Abb. 14: Torte der Wahrheit (von Katja Berlin)

Meine Grafik zur Zusammenfassung der Ergebnisse ist keine Torte, sondern einem Poti nachempfunden (Abb. 15). Ein Potentiometer oder kurz Poti genannt, kann über Dreh- oder Schiebmechanismen mechanisch gesteuert werden und reguliert den elektrischen Widerstand in Ohm oder die Spannung für nachfolgende Bauteile. Bekannt sind sie beispielsweise als Dreh- oder Schieberegler der Stereoanlage für Lautstärke, Höhen und Bass.

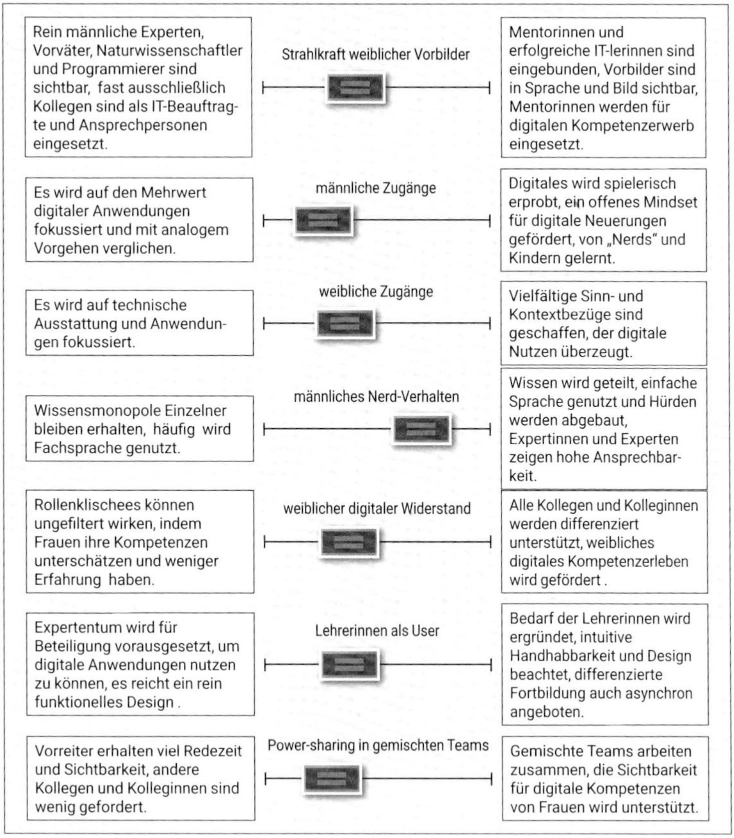

Abb. 15: Mit diesem Poti werden mehr Frauen zu Gestalterinnen der Digitalisierung

Da ich dieses Buch mit Widerständen, also den kleinen elektrischen Bauteilen begonnen habe, möchte ich gerne mit diesem Bild schließen. Hier finden Sie verschiedene Schieberegler, dem Modell eines Potentiometers nachempfunden, die aufzeigen, welche Kriterien Sie beeinflussen können, um mehr Frauen auf dem Weg nach „Digitalien“ zu beteiligen. Möglicherweise trifft auch hier übertragen zu, dass sich damit Widerstand (durch Ängste, Befürchtungen, geringes Zutrauen in eigenen Kompetenzen usw.) und die nachfolgende Spannung regulieren lässt. Eingeflossen sind bei den Kriterien auch die zusammengestellten Ergebnisse zur Genderbewussten Informatik von einer Arbeitsgruppe der PH Schwyz unter Beat Döbeli Honegger [83]

Zuerst habe ich die Schieberegler bei einer Fortbildung der Schulleiterin Maike Schubert gesehen, die sie im Rahmen der Angebote der Deutschen Schulakademie zu den sechs Qualitätsbereichen des Deutschen Schulpreises abgehalten hat. Auch Axel Krommer greift die Idee als didaktische Schieberegler für Lernen in seinem Blog auf.[84]

Bei meinem Schieberegler für einen gemeinsamen Weg zur Digitalität habe ich die Einstellung der einzelnen Schieberegler ganz zufällig gesetzt. Wäre dieses Buch ein interaktives Format, könnten Sie nun für Ihre Schule, Ihre Organisation einschätzen, wie weit vorangeschritten sie bezogen auf das einzelne Kriterium bereits ist. Mir gefällt an diesem Bild die Prozesshaftigkeit. Die Zustände werden nicht als statisch definiert, sondern als Veränderungen abgebildet. Das macht doch Mut!

83 Genderbewusste Informatik (20.6.2022). In: https://mia.phsz.ch/Gender (recherchiert am 19.7.2022)

84 Didaktische Schieberegler. Oder (Distanz-) Lernen und pädagogische Antinomien (2.7.2020). In: https://axelkrommer.com/2020/07/02/didaktische-schieberegler-oder-distanz-lernen-und-padagogische-antinomien/ (recherchiert am 19.7.2022)

8 Ausblick

Während ich an diesem Buch schreibe, wird die Linkliste länger und die Literaturliste kürzer, zumindest verglichen mit der letzten Publikation. Ich habe mehr im Netz recherchiert und weniger Bücher gekauft, auch deshalb, weil zu Genderaspekten noch nicht viele Veröffentlichungen als Print vorliegen.

Viele Materialien sind neuere Studien und deren Interpretation, teilweise auf Englisch. Ich möchte also anschauliche Bilder verlinken, auf Texte und Impulse verweisen, die mir nur digital vorliegen. Es erinnert an ein Schreibgespräch, wenn sich Teilnehmende etwa in einer Konferenz oder einem Workshop zu einem Thema auf einem Flip-Chart schriftlich äußern, was andere wiederum kommentieren. Das Internet ist ein ständiges referenzierendes Schreibgespräch. Das Buch als stabileres Format kann diese Dynamik weniger abbilden. Gleichzeitig landet es vielleicht öfter im Warenkorb der einen oder anderen Kollegin, die den Blog von Beat Döbeli Honegger, Nele Hirsch oder Philipp Wampfler noch nicht kennt.

Während Merkels Satz „Das Internet ist für uns alle Neuland" 2013 für viel Spott gesorgt hat und sicher sehr rückwärtsgewandt klang, könnte man auch zustimmend feststellen, dass wir alle noch nicht wissen, wohin uns der Weg nach „Digitalien" führt, wie wir die Kultur der Digitalität letztendlich gestalten werden. Denn bisher sind bei vielen Menschen tatsächlich nur digitale Grundkenntnisse im Erkennen von Desinformation und der Zuverlässigkeit von Internetquellen vorhanden (Studie „Quelle: Internet?" zu Informationskompetenzen, 2021[85]). Umso wichtiger, dass wir den Weg gemeinsam gestalten.

So wie Mädchen und Frauen von weiblichen Vorbildern profitieren, brauchen Jungen männliche Vorbilder, weil sie von ihnen besonders gut lernen. Dass sie diese in Schulen zu wenig finden, ist ein großer Nachteil. Insbesondere beim Lesen, bei dem Jungen seit Jahren deutlich schlechter als Mädchen abschneiden, aber auch in allen Erziehungsbereichen fehlen Männer als Kommunikations- und Rollenvorbilder. Hier ein ermutigendes Beispiel: Johann Waechter, gerade 15 Jahre alt, rezensiert

85 Studie „Quelle: Internet?" (2021). In: https://www.stiftung-nv.de/sites/default/files/studie_quelleinternet.pdf (recherchiert am 19.7.2022)

auf seinem Instagram-Kanal „Jungs lesen eh nicht!“ monatlich mehrere Buchempfehlungen und gibt regelmäßig Lesetipps. Nun ist er für den Deutschen Lesepreis der Stiftung Lesen 2021 nominiert.[86]

Wenn beide Geschlechter im Lehr- und Fachpersonal von Schulen und KiTas angemessen vertreten sind, können Kinder sich zusätzlich abschauen, wie gute Kooperation geht. Wenn beide Seiten voneinander lernen, von gemischten Teams profitieren und wenn power-sharing die Zusammenarbeit regelt, hat dies für kommende Generationen eine enorme Vorbildfunktion. Es entstehen Freiräume ohne Stereotype, Mädchen und Jungen können sich persönlich entfalten und sich beruflich etwas Neues zutrauen.

Wie das gut gelingt, dafür liefert auch Verena Hasels neues Buch „Eine Linie ist ein Punkt, der spazieren geht“ (2022) konkrete Beispiele. Ohne Angst vor dem Internet und gleichzeitig mit dem Blick auf Naturerleben und individuelle Entfaltung hat sie Vorschläge für gestaltende Online-Zeiten ebenso wie für bewusste Offline-Zeiten gesammelt (vgl. Hasel, 2022, S. 86 und S. 130). Daran wird konkret, wie weibliche Perspektiven und derzeit eher männliche Zugänge produktiv und bereichernd in der Digitalität verknüpft werden können. Ich wünsche uns genau solche Erfahrungen und die Erkenntnis, dass es gemeinsam am besten geht! Machen wir uns also gemeinsam auf genau diesen Weg!

---

86 Jungs lesen eh nicht (20.10.2021). In: https://www.zeit.de/2021/43/jungs-lesen-eh-nicht-instagram-jugendliteratur-johann-buchtipps (recherchiert am 19.7.2022)

Literatur

Ahl, Kati (2020): Schule verändern – jetzt! Wegweisende Antworten auf drängende Fragen. Hannover.

Allert, H., u. a.: (2017): Digitalität und Selbst. Interdisziplinäre Perspektiven auf Subjektivierungs- und Bildungsprozesse. Bielefeld.

Allmendinger, J. (2010): Verschenkte Potentiale, Campus. Frankfurt.

Bohnet, I. (2022): What works. Wie Verhaltensdesign die Gleichstellung revolutionieren kann. München.

Burow, O. A. (2021): Die Corona-Chance: Durch sieben Schritte zur „Resilienten Schule". Weinheim.

Criado-Perez, C. (2020): Unsichtbare Frauen. Wie eine von Daten beherrschte Welt die Hälfte der Bevölkerung ignoriert. München.

Dettling, D. (2020): Zukunftsintelligenz. Der Corona-Effekt auf unser Leben. Stuttgart.

Döbeli Honegger, B. (2017): Mehr als 0 und 1. Bern.

El-Mafaalani, A. (2020): Mythos Bildung. Die ungerechte Gesellschaft, ihr Bildungssystem und seine Zukunft. Köln.

Engel, R. (2019): Frauen können Technik. Wien.

Franken, S./Wattenberg, M. (2020): Women Ressource 4.0. Düren.

Greusing, I. (2018): Wir haben ja jetzt auch ein paar Damen bei uns – symbolische Grenzziehungen und Heteronormativität in den Ingenieurswissenschaften. Berlin.

Hasel, V. F. (2022): Eine Linie ist ein Punkt, der spazieren geht. Berlin.

Hurrelmann, K./Albrecht, E. (2020): Generation Greta. Was sie denkt, wie sie fühlt und warum das Klima erst der Anfang ist. Weinheim.

Krommer, A., u. a. (2019): Routenplaner #digitale Bildung, ZLL21, Hamburg.

Muuß-Merholz, J. (2019): Digitale Schule. Was heute schon im Unterricht geht. Hamburg.

von Nessen, S./de Vries, S. (2020): Female Empowerment – Women in Tech. Wroclaw.

Nguyen-Kim, M. (2021): Die kleinste gemeinsame Wirklichkeit. Wahr, falsch, plausibel? Die größten Streitfragen wissenschaftlich geprüft. München.

Oakley, B. (2015): (K)ein Gespür für Zahlen. München.

Onaran, T. (2020): Nur wer sichtbar ist, findet auch statt. München.

Ostermann, M.-C. u. a. (2021): Zukunftsrepublik. 80 Vorausdenker*innen springen in das Jahr 2030. Frankfurt/M.

Pausder, V. (2020): Das Neue Land. Wie es jetzt weitergeht! Hamburg.

Pörksen, B./Schulz von Thun, F. (2020): Die Kunst des Miteinander-Redens. Über den Dialog in Gesellschaft und Politik. München.

Reckwitz, A. (2018): Die Gesellschaft der Singularitäten. Berlin.

Schutzbach, F. (2021): Die Erschöpfung der Frauen. München.

Stalder, F. (2016): Kultur der Digitalität. Berlin.

Zierer, K. (2018): Lernen 4.0. Pädagogik vor Technik. Baltmannsweiler.

Zeitschriften

Computer + Unterricht, Heft 61 (1. Quartal 2006): Gendergerecht unterrichten. Seelze.

Der fremdsprachliche Unterricht Englisch, Heft 174 (Nov. 2021): Science. Hannover.

Edition brand eins, Heft 11 (Februar 2021): Lernen lernen. Hamburg.

Lernende Schule, Heft 90 (2. Quartal 2020): Berufsorientierung. Hannover.